悦·读人生

On Plato
柏拉图

[美] 约翰·E. 彼得曼（John E. Peterman）◎著
胡自信◎译

清华大学出版社
北京

北京市版权局著作权合同登记号 图字01-2018-1984号

On Plato
John E. Peterman

Copyright © 2014 by Wadsworth, a part of Cengage Learning.

Original edition published by Cengage Learning. All Rights Reserved. 本书原版由圣智学习出版公司出版。版权所有，盗印必究。

Tsinghua University Press is authorized by Cengage Learning to publish and distribute exclusively this simplified Chinese edition. This edition is authorized for sale in the People's Republic of China only (excluding Hong Kong, Macao SAR and Taiwan). Unauthorized export of this edition is a violation of the Copyright Act. No part of this publication may be reproduced or distributed by any means, or stored in a database or retrieval system, without the prior written permission of the publisher.
本书中文简体字翻译版由圣智学习出版公司授权清华大学出版社独家出版发行。此版本仅限在中华人民共和国境内（不包括中国香港、澳门特别行政区及中国台湾）销售。未经授权的本书出口将被视为违反版权法的行为。未经出版者预先书面许可，不得以任何方式复制或发行本书的任何部分。

Cengage Learning Asia Pte. Ltd.
151 Lorong Chuan, #02-08 New Tech Park, Singapore 556741

本书中文译文为中华书局许可使用。
本书封面贴有 Cengage Learning 防伪标签，无标签者不得销售。
版权所有，侵权必究。举报：010-62782989，beiqinquan@tup.tsinghua.edu.cn。

图书在版编目（CIP）数据

柏拉图 /（美）约翰·E. 彼得曼（John E. Peterman）著；胡自信译. —北京：清华大学出版社，2019（2023.2 重印）
（悦·读人生）
书名原文：On Plato
ISBN 978-7-302-52542-4

Ⅰ. ①柏… Ⅱ. ①约… ②胡… Ⅲ. ①柏拉图（Platon 前 427- 前 347）—哲学思想—思想评论 Ⅳ. ① B502.232

中国版本图书馆 CIP 数据核字（2019）第 047333 号

责任编辑：刘志彬
封面设计：李召霞
责任校对：王荣静
责任印制：沈 露

出版发行：清华大学出版社
　　　　　网　址：http://www.tup.com.cn
　　　　　地　址：北京清华大学学研大厦 A 座
　　　　　邮　编：100084
　　　　　社 总 机：010-83470000
　　　　　邮　购：010-62786544
投稿与读者服务：010-62776969，c-service@tup.tsinghua.edu.cn
质 量 反 馈：010-62772015，zhiliang@tup.tsinghua.edu.cn

印 装 者：三河市东方印刷有限公司
经　　销：全国新华书店
开　　本：148mm×210mm　　印　张：6.125　　字　数：112 千字
版　　次：2019 年 5 月第 1 版　　印　次：2023 年 2 月第 4 次印刷
定　　价：35.00 元

产品编号：077064-01

柏拉图

柏拉图（Plato，公元前427—前347），古希腊哲学家，西方哲学的奠基者，与苏格拉底、亚里士多德被并称为"古希腊三贤"。出身贵族家庭，起初想从政，20岁从师苏格拉底转向哲学研究，后在雅典创建了西方最早的高等学府即柏拉图的学园（Academy），撰写了《理想国》《法律篇》等多部对话体名著。

柏拉图是西方客观唯心主义创始人。他的形而上学被称为二元论或柏拉图实在论，即认为世界由现象世界和理念世界组成。由此提出了一种理念论和回忆说的认识论，主张知识本身便是有根据而真实的信念。

许多西方哲学家的理论植根于柏拉图的著作。怀特海就认为："欧洲哲学传统最没有争议的普遍特征是：它包括对柏拉图的一系列注脚。"但也有哲学家如尼采、海德格尔、波普等，则批评柏拉图主义。

内容简介

本书首先简要介绍了柏拉图的生平及其生活时代，而后则对柏拉图的哲学思想及其所遗留的著作进行全方位的解读，帮助读者全面、深入地领略柏拉图的思想体系，把握其富有启发性和包蕴性的思想。

总序

贺麟先生在抗战时期写道:"西洋哲学之传播到中国来,实在太晚!中国哲学界缺乏先知先觉人士及早认识西洋哲学的真面目,批评地介绍到中国来,这使得中国的学术文化实在吃亏不小。"[1] 贺麟先生主持的"西洋哲学名著翻译委员会"大力引进西方哲学,解放后商务印书馆出版的《汉译世界学术名著》的"哲学"和"政治学"系列以翻译引进西方哲学名著为主。20世纪80年代以来,三联书店、上海译文出版社、华夏出版社等大力翻译出版现代西方哲学著作,这些译著改变了中国学者对西方哲

---

[1] 贺麟. 当代中国哲学. 上海: 上海书店, 1945: 26.

学知之甚少的局面。但也造成新的问题：西方哲学的译著即使被译为汉语，初学者也难以理解，或难以接受。王国维先生当年发现西方哲学中"可爱者不可信，可信者不可爱"，不少读者至今仍有这样体会。比如，有读者在网上说："对于研究者来说，原著和已经成为经典的研究性著作应是最该着力的地方。但哲学也需要普及，这样的哲学普及著作对于像我这样的哲学爱好者和初学者都很有意义，起码可以避免误解，尤其是那种自以为是的误解。只是这样的书还太少，尤其是国内著作。"这些话表达出读者的迫切需求。

为了克服西方哲学的研究和普及之间的隔阂，清华大学出版社引进翻译了国际著名教育出版巨头圣智学习集团的"华兹华斯哲学家丛书"（Wadsworth Philosophers）。"华兹华斯"是高等教育教科书的系列丛书，门类齐全，"哲学家丛书"是"人文社会科学类"中"哲学系列"的一种，现已出版88本。这套丛书集学术性与普及性于一体，每本书作者都是研究其所论述的哲学家的著名学者，发表过专业性很强的学术著作和论文，他们在为本丛书撰稿时以普及和入门为目的，用概要方式介绍哲学家主要思想，要言不烦，而又不泛泛而谈。因此这套书特点和要点突出，文字简明通俗，同时不失学术性，或评论哲学家的是非得失，或介绍哲学界的争议，每本书后还附有该哲学家著作和重要第二手研究著作的书目，供有兴趣读者作继续阅读之用。由于这些优点，这套丛书在国外是不可多得的哲学畅销书，不但是哲学教科书，而且是很多哲学业余爱好者的必读书。

"华兹华斯哲学家丛书"所介绍的，包括耶稣、佛陀等宗教创始人，沃斯通克拉夫特、艾茵·兰德等文学家，还包括老子、庄子等中国思想家。清华大学出版社从中精选出中国人亟须了解的主要西方哲学家，以及陀思妥耶夫斯基、梭罗和加缪等富有哲思的文学家和思想家，以飨读者。清华大学出版社非常重视哲学领域，引进出版的《大问题：简明哲学导论》等重磅图书奠定了在哲学领域的市场地位。这次引进翻译这套西文丛书，更会强化这一地位。现在越来越多的人认识到，在思想文化频繁交流的全球化时代，没有基本的西学知识，也不能真正懂得中华文化传统的精华，读一些西方哲学的书是青年学子的必修课，而且成为各种职业人继续教育的新时尚。清华大学出版社的出版物对弘扬祖国优秀文化传统和引领时代风尚起到积极推动作用，值得赞扬和支持。

张世英先生担任这套译丛的主编，他老当益壮，精神矍铄，认真负责地选译者，审译稿。张先生是我崇敬的前辈，多年聆听他的教导，这次与他的合作，更使我受益良多。这套丛书的各位译者都是学有专攻的知名学者或后起之秀，他们以深厚的学养和翻译经验为基础，翻译信实可靠，保持了原书详略得当、可读性强的特点。

本丛书共44册，之前在中华书局出版过，得到读者好评。

我看到这样一些网评:"简明、流畅、通俗、易懂,即使你没有系统学过哲学,也能读懂";"本书的脉络非常清晰,是一本通俗的入门书";"集文化普及和学术研究为一体";"要在一百来页中介绍清楚他的整个哲学体系,也只能是一种概述。但对于普通读者来说,这种概述很有意义,简单清晰的描述往往能解决很多阅读原著过程中出现的误解和迷惑'";等等。

这些评论让我感到欣慰,因为我深知哲学的普及读物比专业论著更难写。我在中学学几何时曾总结出这样的学习经验:不要满足于找到一道题的证明,而要找出步骤最少的证明,这才是最难、最有趣的智力训练。想不到学习哲学多年后也有了类似的学习经验:由简入繁易、化繁为简难。单从这一点看,柏拉图学园门楣上的题词"不懂几何者莫入此门"所言不虚。我先后撰写过十几本书,最厚的有八九十万字,但影响最大的只是两本30余万字的教科书。我主编过七八本书,最厚的有100多万字,但影响最大的是这套丛书中多种10万字左右的小册子。现在学术界以研究专著为学问,以随笔感想为时尚。我的理想是写学术性、有个性的教科书,用简明的思想、流畅的文字化解西方哲学著作烦琐晦涩的思想,同时保持其细致缜密的辨析和论证。为此,我最近提出了"中国大众的西方哲学"的主张。我自知"中国大众的西方哲学,现在还不是现实,而是一个实践的目标。本人实践的第一步是要用中文把现代西方哲学的一些片段和观点讲得清楚明白"①。欣闻清华大学出版社要修订再版这套译丛,每本书都是讲得清楚明白的思想家的深奥哲理。我相信这套丛书将更广泛地传播中国大众的西方哲学,使西方哲学融合在中国当代思想之中。

赵敦华
2019 年 4 月

---

① 详见赵敦华. 中国大众的现代西方哲学. 新华文摘,2013(17): 40.

序 | Preface

不经过斗争,真理就能够为人们所接受,这样的事情实在罕见。哲学的确拥有这样一种真理:一般来说,哲学家们在写作时不得不使用一些特殊的词汇;如果我们真的想知道他们究竟要告诉我们什么,我们就必须理解这些特殊词汇。这本书并不想取代人们对柏拉图原著的阅读。谁要是认为这本书可以取代柏拉图的原著,他们必然会自食其果;他们会觉得茫无头绪,会受人嘲笑,会失去与世界上最有趣的思想家、作家和对话者之一进行思想交流的机会。本书将阐述我与柏拉图进行对话的一些方式。要想了解柏拉图的真实意图,读者只好到他那里登门求教。

一般来说，序言旨在简要地告诉读者，在开始阅读之前他们应该知道些什么。可是当苏格拉底宣布，他与对话者所完成的事情仅仅是真正的研究的开端时，《理想国》的全部页码已经翻过了三分之二。有些话题需要详细阐释，有些只需简略的说明。阅读柏拉图是最独特的哲学体验之一，因此这篇序言可能比一般的序言要长。

介绍柏拉图思想的文章首先必须解答这样一个问题：应该如何阅读柏拉图的作品？我们并不知道应该如何理解一个写作戏剧性对话的哲学家，我们也不习惯于阅读哲学性的戏剧或对话，所以我们对这种形式的哲学每每怀有戒心。柏拉图是如何选择参加对话的人物的？他们的出场是如何影响正在被讨论的话题的？哪个人物的发言代表柏拉图，或是代表别的什么人？人物的动作与我们所理解的这些动作所表达的思想有什么关系？假如这些对话之间存在一定的联系，那么它们是怎样联系在一起的？应该如何理解我写的这些文字呢？

关于柏拉图的生平及其创作意图，我们从他本人的著述中几乎了解不到什么信息；这种观点来自几封据说是柏拉图书信的注释，其中至少有几封是伪作。与柏拉图关系较近的一些同代人，特别是亚里士多德，也评论过柏拉图的思想，但是如果没有更多的证据，我们就无法确定这些评论是中立性的抑或论战性的，因此我们也无法确定它们是否准确可靠。看来，柏拉图或其他任何人都不能为我们提供可靠的指南，都不能告诉我们应当如何阅读柏拉图的作品。

2500年以前，当柏拉图进行哲学创作时，雅典的生活是怎样的呢？人们如何讨论问题？我们往往对此不得而知。人们真的相信高踞于奥林匹斯之巅的众神会指导人间事务？有如此充裕时间进行交谈的这些人是否从事任何工作？他们的对话所讨论的，看来是一些稀奇古怪、陈旧不堪，至少可以说是不合时宜的问题，例如灵魂不死的问题、如何获得美德的问题、市民身份的重要性问题等。他们用虚幻的神话解释事物，我们却希望他们提出一种论证。柏拉图的听众（包括柏拉图本人）真的相信这些谈论阴曹地府的来世生活的荒诞故事吗？

从这些基本问题出发，提出理解柏拉图著作的某种依据，这种方法的数量会迅速增长，叫人无所适从。有的学者从柏拉图的传记中选取一些重要事件，然后说明这些事件如何决定了柏拉图思想的发展和阐述。例如柏拉图曾在西西里担任政治顾问，这种经历决定了他的政治理论。有的学者则根据自传或学术界的共识，抽取关键问题或核心概念，以此来指导学术讨论。例如在横渡柏拉图著作的大海时，很多人便以"理念论"为指南。还有的学者在参与目前的哲学争论的同时，把过去的思想家划归不同的派别（这样的划分往往徒劳无益，换言之，这种做法很容易被驳倒）。例如他们认为柏拉图是理性主义者、唯心主义者或二元论者，等等。

打开一本书，我们就能以某种方式直接面对作者；对我们来说，这样的梦想拥有一种强大的吸引力。起初，柏拉图也鼓励这种幻想。每一篇对话直接把我们带入某个情节之中。一次审判或一个宗教节日正在进行，即将处决一个人犯，在城内或城外进行的一次散步，等等，都会引出一篇对话。我们被卷入一件仿佛是突如其来的事情，当我们努力地适应新的情况时，更多的问题出现了。作者为什么要选择这个事件让我们做目击者？它的前因后果是什么？这些人是谁？他们是什么关系？他们想从对方那里得到什么？最重要的问题是什么？

长篇小说已经教导我们，要在一个无所不知的叙述者的帮助下进行阅读，她的故事会给我们带来欢乐。我们不假思索地接受了作者的这种权威。从表面看，柏拉图的对话与此相似。但是作为叙述者，柏拉图总是深藏不露。而作为娱乐活动，他的故事情节常常是平淡无味的。例如苏格拉底能够说服他所认识的每一个人，却不能在法庭说服陪审团，以挽救自己的生命。探讨如何才能培养人的美德的一篇对话，最后却把责任推给了上帝。一篇试图证明灵魂不死的冗长但不很成功的对话，却以主要人物的死亡而告终。一篇把哲学家抬高到政治领导人地位的显然是为自己服务的对话，最后讨论的却是艺术。这些故事包含着一种令人不安的因素。作者把我们引进来，正是为了最后再把我们推出去。一切都是隐蔽的、晦暗的、不可捉摸的。尽管苏格拉底把第俄提玛（Diotima）的神谕传达给了阿克巴德（Alcibiades），却未能改变他的命运。苏格拉底的追随者们虽然也曾聆听导师关于灵魂不死的教诲，但是在他们的导师告别人世之际，他们却拒绝这种教诲，流下了悲痛的泪水。"理念论"被认为是柏拉图著作的基石，却遭到当时最有声望的哲学家的批评。

我们希望听到浅显易懂的故事。如果有什么疑惑，我们希望别人能为我们明确地指出来，并且很快地消除这些疑难，例如电视上播出的那些一小时左右的侦探片或者品位不高的惊险小说。我们认为，读书应该像日常生活中的事情一样，直截了当，明白易懂。今天阳光灿烂，所以外面一定是温暖宜人。气象预报员、老师或情人的话应当是真实可信的。典型行为应当具有典型含义。例如阿克巴德醉醺醺地出席艾格森（Agathon）家的聚会，斐德罗（Phaedrus）在城墙周围锻炼身体。

但是阳光灿烂并不总是意味着炎炎夏日。情人的诺言常常虚妄不实。公开的行为也许仅仅是一种伪装。世界不会以某种简单而直接的方式自我显现。必须用我们的判断力来解释语词的含义和人们的行为。哲学的一个方面就是发展这种判断力。为此，阅读柏拉图的著作就意味着一系列的训练；

它们能提高我们的判断力，因为它们迫使我们用判断力进行解释。

本书旨在帮助读者理解并参与这种训练。它的目的是有用而非全面。我的取舍原则是，但凡有助于读者理解柏拉图著作的材料，全部收入。这与解释柏拉图的真实用意的做法不同。如果本书能为读者提供一些工具或指出一个方向，以帮助他们对柏拉图的著作提出自己的见解，或者对诸多柏拉图评论家，当然也包括本书的作者，提出自己的批评，那么本书的目的就达到了。

关于本书的写作原则，现解释如下：第一个原则是，从不同的对话中选取不同的例证，尽管许多读者可能只读过他的一两篇对话。虽然读者可以把每一篇对话看作是自成一体的而加以理解，但是它与其他对话的关系经常引发争议，却为进一步的研究指明了方向。本书适合于那些对柏拉图已经有所了解，不管这种了解多么肤浅，同时希望加深这种认识的读者阅读。如果读者觉得有些段落的论题范围过于狭窄或者过于专业化，那么我已经努力地使这些内容仅仅作为本书的主要论点的补充。

本书可能完全忽略许多人已经讨论过的、我们比较熟悉的一些关于柏拉图的论点，或者这些论点出现的次序可能比读者预期的要晚。因此，本书的第二个原则是，问题的讨论遵循由简到繁的顺序。关于柏拉图的许多最难理解的问题往往出现在各种论著和教材的开始部分,几乎没有任何介绍,结果,读者以为柏拉图过于教条主义。例如,像灵魂转世说、回忆说这样一些复杂理论,似乎要求对灵魂不死首先提出某种证明;然而,尽管作者提出了几种论证,但没有一种能够为人接受。我们只好对这个不称职的受人蒙骗的柏拉图表示同情,尽管他能提出一些有趣的思想,可是他好像经常要求我们相信他无法证明的一些东西。

这就引出了本书的第三个原则:古代的雅典人与我们相同之处多而不同之处少,尤其是在推理方面。除了柏拉图,阅读阿里斯托芬(Aristophanes)、欧里庇得斯(Euripides)和修西底德斯(Thucydides)的作品,将有助于读者欣赏希腊人的思想感情的精深复杂。

现在,人们通常认为(虽然并非必然如此),柏拉图在其漫长的生涯中改变和完善了他最基本的一些思想,因此学者们的兴趣转向那些最成熟的思想,认为它们是柏拉图思想中最有特色的部分。这种观点会引起如下几个问题:它可能侧重于人们所说的后期作品。与此同时,柏拉图作品的写作时间和写作顺序却悬而未决。它可能从哲学的角度把柏拉图对话分为前期和后期,认为前期作品代表苏格拉底的观点,后期作品代表柏拉图的观点,而不是鼓励读者为柏拉图的所有对话提出一种统一的连贯的解释。最后,在追溯柏拉图的思想历程时,它可能只重视对话的论点,却不重视其中的戏剧性因素，以为这些因素没有哲学意义。因此，本书的第四个原则是，我既没有假定柏拉图写作这些对话的具体的时间顺序，也没有假定柏拉图的思想以及我们对他的解释必须采取以这样的时间表为基础的一种发展模式。

第五个原则涉及以上所述"论证与戏剧"的冲突。我把每篇对话看作是由一个哲学家所完成的一个整体，就是说，这个人为了哲学研究而以这样的方式写作了这些对话。因此，为了理解柏拉图的哲学，读者必须研读他的所有作品，探讨他之所以这样写作的原因。我们所讨论的分析方法可能使每一个论点孤立于别的论点，正如我们使每一个思想家独立于别的思想家。在柏拉图对话中，我们把思考看作一种集体活动。这一点反映在所有的对话参与者身上，并且影响对话的进展。

最后一个原则是，探讨学术界正在讨论的关于解释柏拉图对话的一些问题；如果可能的话，我将避免争论，以便使读者认识到他们无须为专家学者的论点所左右。我们常常听到一些机智的解释，却忘记了这些解释仅仅是学者们提出的观点而不是事实。不假思索地接受专家的论点，这样做的危害是，读者自己对文本的反应被破坏，甚至被抹杀了。柏拉图的对话以戏剧的方式陈述思想；较之评论性的文章，这种写法更能激发人的情感。换言之，这些反应对于读者理解文本可能具有重要意义，正如它们对于谈话者加入讨论具有重要意义一样。

我的一切努力的源泉是我的双亲艾丽斯和罗伯特。他们耐心、宽容,而且积极支持。我把这本书献给他们。我的妻子艾伦是我最好的伴侣和编辑;她明智的建议是,让朗朗的笑声在书斋回荡。我的儿子杰里米为我解释了 Word 文字处理软件的一些细微之处。很多人读过初稿的不同部分,我的同事 A. 贾弗拉(Angelo Jufras)、R. 塔利斯(Robert Talisse)和 R. 滕披欧(Robert Tempio)提出了非常有益的建议。我希望读者能够像我写作时那样,饶有兴味地阅读这本书。

目录 | Contents

总序
序

001 导论
　Ⅰ. / 002
　Ⅱ. / 006
　Ⅲ. / 015
　文本说明 / 017

1　019　柏拉图的生平和时代
　公元前 5 世纪—前 4 世纪的雅典生活 / 028
　城邦 / 029
　战争 / 030
　希腊的教育：诡辩取代了传统价值观念 / 033
　修辞学（上）/ 042
　宗教 / 048

2 | 055 **哲学**

死亡 / 059

生命 / 079

修辞学（下）/ 099

3 | 121 **对话的媒介**

文学背景 / 123

背景与场面 / 128

对话 / 135

故事与神话 / 147

苏格拉底的讽刺 / 153

参考书目 / 165

On Plato ——————— 导论

欧洲哲学传统最没有争议的普遍特征是：它包括对柏拉图的一系列注脚。我不是指学者们将信将疑地从他的作品中抽引出来的那种系统的思想脉络。我是指那些丰富的、散见于他作品中的普通思想。他的独特禀赋、他在一个伟大的文明时期所拥有的丰富阅历、他所继承的那种尚未由于过度的系统化而变得僵化无力的思想传统，使他的作品成为用之不竭的思想宝库。

——怀特海（Whitehead）[1]

Ⅰ.

　　2500年以来，柏拉图的著作广为流传。人们深入地研究他的思想。对于这样一个哲学家，研究者应该如何开始他关于阅读方法的讨论呢？带着问题去读似乎是一条正路，因为讨论如何阅读柏拉图，就等于跨上一匹狂奔的骏马：问题早已开始出现，仿佛永无止境。哲学的任务同样是发现复杂问题，并考察它们可能的结论，这不可能是偶然的巧合。看来，柏拉图是在想方设法地使自己的读者参与哲学活动。关于如何阅读柏拉图的讨论如果能够促进个人的反省，能够使我们更清楚地了解自己的信念，那么我们现在所提出的那些含混的解释完全是有益的。实际上，这也许正是他的写作方式：他打算把这种含混作为他的遗产，作为他留给读者的哲学赠礼。

问题早已出现。柏拉图的哲学著作往往是一些对话，这些对话要么是在持有相同论点的人物之间展开，要么是在一个叙述者和一些听众之间进行。随意选择任何一篇对话，问题就会立刻出现：柏拉图是否在场呢？柏拉图是所有这些对话和报道的作者，但是他很谨慎，没有在这些对话中亲自出场。审判苏格拉底时，他曾在听众中停留片刻。他亲自出场，是为了说明，在苏格拉底去世的那一天，他为什么不在场。读者不会期望一个剧作家或小说家，例如莎士比亚或托尔斯泰，在他们的故事中直抒己见。作者直接露面的写法往往有害无益。但是哲学家应该直截了当地陈述他的观点和主张，以说服读者。

现在，更多的问题出现了。柏拉图为什么不直接露面？他藏在幕后，是为了逃避责任，是为了躲避苏格拉底的那种厄运吗？谢绝在对话中处于中心地位，这是他讨论哲学的本质的方式吗？这也是他讨论教育或学习的本质的方式吗？

也许柏拉图仅仅是表面上不在场。他不希望自己的名字出现在对话中，但是他可以通过另外一个人物发表意见。也许他有一位代言人，即在故事中阐述他的见解的一位发言人。也许他把所有的最好的台词都分配给这个人物，让这个人物作为他的代表，与世人打交道。"苏格拉底"这个人物似乎总能得到最好的台词，总是承担艰苦的思考。这能说明苏格拉底就是柏拉图本人的化身吗？在另外一些对话中，苏格拉底要么不是主角，要么没有出场，我们又该如何理解这些对话呢？诚然，多数作家不会在他们的所有作品中塑造相同的人物，但是如果某个人物经常出现，那么假如在某个作品中她没有出场或保持沉默，这就需要作出解释。此外，人物每次出场时，其观点和看法必须前后一致吗？或者，随着她的情绪、观众以及意图的变化，她也可以表述不同的观点吗？人物的思想可以随着时间的变化而变化，可以抛弃旧的观念而接受新的概念吗？或者，尽管它们的表述以及它们与其他观念的关系变得更加复杂，但是它们本质上依然如故呢？

柏拉图没有为我们提供回答这些问题的知识，所以我们的想象开始发挥作用。我们希望与柏拉图对话，因此，我们必须就他可能出现在什么地方的问题作一些说明：谁是柏拉图的代言人？他们代表柏拉图发表了多少论点？柏拉图的代言人为什么不总是同一个人物？在研究这些人物究竟在争论什么问题之前，我们已经开始了作出判断的哲学活动：我们试图发现一种阅读这些故事的方法。我们开始形成自己的看法，把它们清楚地表达出来，以便与另一个人审查这些看法，然后评价他所提出的意见。

　　柏拉图如何陈述自己的思想，这真的是一个重要问题吗？只要能够证明某个思想是正确的或错误的，我们何必在乎究竟是谁的名字和这个思想联系在一起呢？在《神曲》中，当但丁失去对意义的知觉和生活的方向时，正是由于听从他的行为楷模维吉尔（Vergil）的话，他才开始行动；正是由于他的情人贝雅特丽奇（Beatrice）对他的游历设想表示赞同，他才有信心开始地狱之旅。在确定人们是否听到某些话，更不要说是否听从这些话的时候，谁在说话的问题往往具有至关重要的意义。引导但丁顺利地游历地狱的那个维吉尔仅仅是一个中间人。他并不能解答所有的问题；相反，他的出现还带来一些新的问题，例如，和维吉尔一样善良的那些异教徒，为什么必须永远处于地狱的边缘，而不能与上帝同在？善良的生活在天国的贝雅特丽奇随后将提供更多的解答。然而，正是维吉尔才唤醒了但丁，才使他踏上游历的征途。当我们在柏拉图的作品中遇到苏格拉底时，他是唤醒读者并促使他们（以及我们）前进的维吉尔式的中间人吗？或者，他居住在理念的天国，只是像贝雅特丽奇那样，把所有的答案都告诉我们呢？

II.

学生们的论文往往这样开头:"柏拉图,有史以来最伟大的哲学家";"柏拉图,著名的希腊思想家"。这种说法能给他们提供某种保护。写一篇讨论柏拉图的文章,这是他们的作业。他们想说一些可靠的、没有争议的话。评论柏拉图著作的那些学者们也希望他们的讨论稳当可靠。多数学者在阐述自己思想的过程中,对其他哲学家的讨论只是顺便提及,所以他们不愿冒险偏离主题或予人难堪。长期以来,柏拉图一直作为哲学的罗盘,"柏拉图主义者"已经成为一个众所周知的称谓,它所包含的肯定或否定的意义取决于当前的思想潮流。"柏拉图主义"是柏拉图著作的一个可靠的公认的名称。人们对事物的理解经常以最容易被接受的那些普遍特征为依据,因此,在使用这个名称之前,我们必须对它的起源和内容作细致的审查。

对柏拉图的这种普遍而可靠的理解,包括五个主要方面:对文本做字面解释;柏拉图通过一个代言人而直抒己见;柏拉图的所有著作中贯穿着一个核心思想(理念论);柏拉图的思想有一个发展历程,这个事实可以解释在按照字面意思理解他的作品时所遇到的那些矛盾;最后,古代的评论家,特别是亚里士多德,理解并且准确地阐述了他的作品。所有这些方面都值得商榷。我将简要地描述这些争论所涉及的某些问题,后面几章将进一步探讨这些问题。字面解释这个方面是其他几个方面的基础，我将较为详细地讨论这个方面。

应该指出的是，本书旨在创造这样一个氛围：对柏拉图的多元解释应当得到鼓励，因为现在还没有任何一种解释可以证明，它就是解决柏拉图哲学中所有难题的唯一途径。至于哪些方法最富有创造性，我当然有自己的选择。我完全承认，从几乎所有的详细讨论柏拉图作品的文献中，我学习到很多东西，无论它们所采用的是哪种研究方法。柏拉图是一个难以理解的作家，他的作品呈现出许多方面；当我们开始认真地研究这些方面时，我们会不知所措。我们需要别人的帮助，以认清现实地存在着的一切事物。

对文本进行字面解释的做法，反映了我们与周围世界打交道的一般方式；世界如何对我们显现，我们就如何理解它。除非我们感觉诗兴大发或意味深长，把另外一种涵义赋予世界万物，否则它们不会有其他涵义，例如，象征别的什么东西。在阅读过程中，我们会以类似的方式来理解语词的字面涵义，除非有人指导我们用别的方法进行阅读。书店和图书馆把文学作品与非文学作品适当地加以分类，以适应我们的期待。在非文学类图书的书橱上，人们会发现，柏拉图的对话与哲学类的其他图书摆放在一起。我们的期待是，他应该像历史书或地理书的作者那样浅显易懂。

尽管他写到了偶尔参与历史事件〔如审判苏格拉底、朋迪斯节（Bendis）、艾格森（Agathon）家的凯旋庆典等〕的一些历史人物,但是柏拉图已经使我们明确地认识到,他是在讲这些人的故事,它们的历史真实性并不可靠。只有一篇对话提到柏拉图的出场。其他所有的故事至少来自二手材料,也可能是虚构的。《会饮篇》(*Symposium*)以一场正在进行的对话为开端。通过这篇对话,我们发现,在复述过程中,故事是如何发生变化的;对我们这些不在场的人来说,直接了解事实的真相是完全不可能的。我们所读到的有关这些对话和活动的报道,都是柏拉图的描述。因此,字面含义的第一个层面,即这些事件真的发生过,起码值得怀疑。

对话《申辩篇》(*Apology*)通常被看作纯粹的历史报道。人们能为这个问题的正反两面提出有趣的证据,但是任何一方都不能声称,它已经证明了自己的主张。坚持这篇对话属于历史报道的那些学者们说,对苏格拉底的辩护的详细叙述肯定具有真实性,因为柏拉图忠于自己的老师,不可能修改老师的辩白(这是学术界的评论家们一厢情愿的看法);他们说,即使柏拉图希望作一些改动,审判时在场的那些人也肯定会提出质疑(这种观点假设,人们希望这篇对话具有真实性,而这正是需要证明的论点)。反对这篇对话属于历史报道的那些学者们说,这篇对话与柏拉图的其他著作在风格上是一致的;他们反问:为什么唯独这篇对话讲求历史真实性,而其余的对话仅仅是历史小说呢?

这场争论的基础值得一提,因为它曾在柏拉图研究中反复出现。关于柏拉图思想的发展历程,我们知之甚少或一无所知。他始终坚持某些基本信念呢?或者,随着他的成长,他的信念也要发生变化呢?我们写出的大多数哲学史不是倾向于这个模式,就是倾向于那个模式;不是对类似的问题做出越来越复杂的回应,就是当人们对旧的问题失去兴趣之后,再提出一些新的问题。我们知道柏拉图属于哪一种模式,这种想法不过是争论双方一厢情愿的臆断。我们必须认真审查以永恒性或可变性为论据的任何解释;它们更多地反映了解释者而不是柏拉图的观点。

字面含义的第一个层面,即历史真实性,值得怀疑。我们读到的故事与某个真实的时间和地点具有复杂联系。但是在这些故事中,还有字面含义的第二个层面,一个我们可以直接存取的层面;换言之,人们嘴上怎么说,心里就怎么想。撒谎、欺骗似乎是我们人类社会的事实,也许正是由于这个原因,康德想方设法压制这种能力。在日常谈话中,谁也无法确定,另一个人什么时候会讲真话。在《申辩篇》的开始部分,苏格拉底这样告诫他的听众:他们的判断力已经被偏见和陈规旧习所笼罩;从这里开始,直到关于修辞和诡辩的反复讨论,即可靠性问题对真理的质疑,再到《会饮篇》中情人之间有意无意的谎言,最后到《理想国》(*Republic*)中为了善的缘故而有意说谎;所谓"高尚的谎言",柏拉图屡次提醒我们,在所有的对话中,欺骗即使不是一种现实的,也是一种潜在的因素。对所有的哲学来说，撒谎是一个永恒的难题，柏拉图也不例外。

故事是真实的，或者，人物的台词是真实的，这些都变成了问题，而不是确凿的论断。字面含义的第三个层面是，作者肯定能够以某种直接的方式，把真理告诉我们。如果他不亲自出场，另一种最直接的方式是，让某个代表替他发言。我们认为，如果哲学家的目的是探求真理，他们就应该永远说真话。作为一个哲学家，柏拉图肯定是通过一个直接的代表来传达他的真理。既然苏格拉底也是一个哲学家（真理的探索者或传达者），而且总能获得最有趣的台词，他一定是柏拉图的代言人。这种观点包含三个问题：首先，如果苏格拉底的确是柏拉图的代言人，那么我们反复听到这样的劝诫：他并不总是说真话。他在《会饮篇》中说，第俄提玛是他的老师，可是，阿里斯托芬举证说，那个故事是苏格拉底当场编造的。他在《斐多篇》（*Phaedo*）中宣称，他有灵魂不死的证据，可是，这些证据都不能成立。和别的情人一样，哲学家们说，他们有权在适当的场合撒谎，比如《理想国》中的"高尚的谎言"，因此，我们必须时刻警惕，现在这个场合是否以上所述"适当的场合"之一；第二个问题不过是把这种情况用于柏拉图。如果苏格拉底没有必要对我们说真话，那么柏拉图也没有必要对我们讲真话。所以让苏格拉底做代言人会使他的话不再可信。

再来讨论第三个问题。和《理想国》（472a）中的第三个、也是最关键的一个浪潮一样，柏拉图真的是以苏格拉底为代言人吗？在作者和他塑造的出场次数最多、发表谈话最多的人物之间，肯定存在某种关系。这种关系就是一种简单的置换，就是苏格拉底代表柏拉图：这种观点有多大的可靠性呢？关于这个问题，人们提出十几种看法，我将简要地讨论其中的四种。为了表示谦虚或尊敬，柏拉图把最显要的位置敬献给自己的老师：所有这些主张都是学者们一厢情愿的美梦。好学生很容易对他们的老师提出批评，亚里士多德与柏拉图的关系就是如此，这些评论家当中的许多人都相信这一点。另外一种看法曾引起学生们的讨论：柏拉图希望从事哲学研究，却不愿像苏格拉底那样，用自己的生命来冒险。如果有代言人，就不会追究他的责任。但是在公元前4世纪的雅典，假如哲学研究带有这样的政治危险性，那么无论是以自己的口气还是以别人的口气而写作推动哲学研究的任何著作，都将面临同样的危险。用苏格拉底作烟幕，这种做法的另外一种解释是，柏拉图希望人们把他的思想看作是大哲学家苏格拉底的思想的延伸。因为他的听众大部分是青年人，所以他们不知道苏格拉底究竟说过些什么。一开始，柏拉图谎称自己的思想即苏格拉底的思想；当人们接受了这些思想之后，他就揭开谜底，说这是他的思想。

  对这种方法的一种更严肃的解释构成第四种论点。柏拉图的对话经常涉及教育活动中的权威问题。教师应该把知识传授给学生呢，抑或仅仅给他们以指导，学生则应该以某种方式自己去获得知识呢？美诺（Meno）在对话中再三表示，希望苏格拉底把答案告诉他，因为美诺相信，他肯定知道答案是什么。这正好反映了现在学生们的抱怨：当老师始终知道答案是什么时，却让他们漫无目的地参加"苏格拉底式"的讨论。老师为什么不把那些知识交给学生，让他们记在脑子里呢？《斐多篇》以毕达格拉斯学派（Pythagorean）为背景，强调了这个问题；在这个学派看来，老师是"主人"，他拿死记硬背的教学法与苏格拉底式的论辩探究方法进行比较，以说明它们的不同效果。这篇对话所描述的形势万分危急：学生们的老师即将被处以极刑；他们希望，在所有的答案随着老师的大脑消失之前，获得这些知识。苏格拉底的反应是，他提出六个主张灵魂不死的论证，虽然发人深省，但终究未获成功。苏格拉底想通过这些错误的论证，教给学生什么样的知识呢？这里，谁是老师呢？柏拉图？苏格拉底？苏格拉底的学生们？读者？

关于代言人的最后这种用法不是清晰化，而是复杂化了柏拉图的思想和意图，因此，无补于字面含义这种解释方法。相反，它引来一个新的问题：讽刺。我们怎么知道，苏格拉底什么时候严肃，什么时候不严肃呢？哲学家应该严肃，但是柏拉图偶尔也会戏弄他的对话者。美诺来自希腊的穷乡僻壤，当苏格拉底称赞他们那里养马的农民所具有的那种实用的知识时，这即使不是一个玩笑，至少也是一种盘问。在《会饮篇》中，苏格拉底吹嘘，他是一个情场老手；然而，他所宣称的他曾教过的那位女子，很有可能是子虚乌有。和说谎一样，讽刺一旦成为对话者的一种选择，读者实际上就无法确定，在某次谈话中，对话者什么时候使用或者不使用讽刺。一个仿佛是以故意的不可预测的方式嘲弄人们说真话的代言人，究竟有什么意义呢？

明确性在逐渐消失，这种感觉无所不在。它把我们带到字面含义解释法的第四个、也是最后一个层面：文本总是具有某种以简明的方式而表达出来的简明的含义。人们写书总有一个原因，而且会把这个原因告诉读者。柏拉图肯定有一个计划，而且会把这个计划告诉我们。评论家们确实为每一篇对话都写了简要的说明，告诉读者，柏拉图为什么要写那个故事。《申辩篇》显示了苏格拉底的高尚品格。《美诺篇》说明，柏拉图是如何把他关于灵魂转世的宗教信念用于解决知识问题，进而提出回忆说的。《理想国》可能是为他改变叙拉古札（Syracuse）的政治体制的企图而辩护，因为他提出了与其他雅典人〔例如，伊索克拉底（Isocrates）〕相反的政治纲领；《理想国》也可能是为了说明哲学洞察力的优势地位，洞穴比喻就是一个突出的例证。《斐多篇》证明，灵魂是不朽的；它为苏格拉底提供了另外一种辩护；它还证明，哲学是人类最崇高的事业。这些不同的解释所面临的问题是，如果柏拉图的意思很明确，那么当学者们从整体上阐述他的思想时，就应该达到更多的共识，就应该把故事的每一个部分都解释清楚。作为一种宗教信仰，依洛西斯秘密仪式（Eleusinian Mysteries）不承认灵魂转世，而灵魂转世理论正是柏拉图发现回忆说的基石；既然如此，苏格拉底为什么还要在《美诺篇》和《会饮篇》中强调依洛西斯秘密仪式的重要性呢？为什么苏格拉底的理想城邦不需要统治者，而后来出现的"狂热城邦"却需要哲学王呢？为什么苏格拉底和普罗泰格拉（Protagoras）在对话过程中要改变他们的信念呢？在我们解释的过程中，这些问题挥之不去，不允许我们有任何简单的总体性的把握。

　　柏拉图的作品具有谜语那样的特征。他似乎追求一种复杂的表达方式：始而选择对话体的写作手法，继而混合坏的动机与好的证明（关于学习的悖论）或好的动机与坏的证明（《斐多篇》中的灵魂不死问题），最终又转向神话，讲述一些不可思议的〔古阿斯（Gyges）的戒指〕或超自然的〔厄洛斯（Er）的来世生活〕故事，以此作为对哲学的一种贡献。教科书上的简要介绍可以帮助我们开始阅读某篇对话，但是由于故事或论证中的无意义陈述越来越多，我们的警铃就会响起，所以我们必须保持警惕。当我们考察柏拉图所理解的哲学时，他为什么不希望自己的著作具有明确的含义，我们将进一步探讨这个问题。这里比较清楚的似乎是，读者对字面含义解释法的第四层、也就是最后一个层面的期望，与别的期望一道破灭了。

Ⅲ.

　　既然放弃了轻松而稳妥的字面解释法，我们就得寻找第二种方法；苏格拉底在《斐多篇》中就是这样讲的，当时，他必须想出第二种办法（"第二次出航"），因为用简单的知觉轻松而稳妥地解释因果关系的尝试已经失败（99d）。他提出一种所谓的假设法。他能够凭直觉而获得某些事件的一种合理解释，然后，从这种解释出发，仔细地推导事件的所有细节，以便确定这些假定的事实与他提出的那种解释完全一致。如果真的出现了不一致的现象，就必须重新考察假定的事实与假设本身，弄清楚必须修改哪一个。强加在事件之上的这种解释不断地被修正，因为我们对事件的理解以及对不同思想之间的逻辑关系的认识也在发展变化。

　　我建议用一种与此类似的方法来阅读柏拉图。能够解释文本的绝大部分内容，只有极少部分内容没有得到解释，这就是最好的解释方法；没有得到解释的那些部分的数量和意义，便成为我们已经达到的确定性的界限。无须以任何一篇对话为基础来理解另外一篇对话，尽管类似的情节或讨论值得比较，也有助于我们理解，它们为什么被重复或修改。我尚未发现哪一种理解，包括我自己的理解，能够解释任何一篇对话中的所有内容。在讲解一篇对话时，我的学生必然会提出一个天真的问题，这个问题与故事的某个细节有关，却从未引起我的注意，或者，我认为它没有什么重要意义，所以没有理会。柏拉图显然注重他的人物、情节以及论证；在阅读一个细致的作家时，把握细节，特别是那些异乎寻常的细节，具有重要意义。

评论家的通常做法是，他们声称，对话的某个细节或部分不值得重视，因为它没有任何哲学意义，也不会使读者感兴趣；这种说法只有一个意思：对于做出这种论断的那个人来说，那个细节或部分索然无味。与此类似的第二种做法是，但凡那些难以驾驭的、又与评论家的解释相抵触的细节，都作为评论家的疏漏而被省略了。如果柏拉图与我们意见相左，或者自相矛盾，评论家就说，这是因为他心不在焉，或者他的思路没有跟上。这些做法显示了我们的理论能力：它能够确定，我们只能注意到哪些问题，还远远谈不上考察这些问题。柏拉图的著作屡次论及读者的假定这个问题，《申辩篇》的开场白就已经讨论到这个问题，当时，苏格拉底要求陪审团审查他们怀有的成见，因为他们相信，他是一个玩弄辞藻的精明的雄辩家。他担心，听众甚至听不到他的论点，因为他们把他的论点当作谎言，丝毫不感兴趣。

业余科学家经常在他们的领域有所发现，因为他们能够注意到他们那些非常博学而成熟的同行视而不见的东西。应该告诫学生，他们初次阅读一个文本时，会产生某些思想和看法；而专家的解释往往能摧毁许多思想，削弱许多看法。读者首先应该阅读柏拉图的原著，然后提出自己的问题；在此基础上，他才可以阅读一些像这本书一样，旨在解释柏拉图思想或介绍一篇柏拉图对话的书籍。消除柏拉图著作中的所有疑点，会错失理解这些作品的一个基本要素。

在《泰阿泰德篇》(*Teaetetus*)中，苏格拉底说："感到惊奇：哲学的发源地正在于此，而不在别的任何地方（155d）。"在美诺发现了一个使他感到惊奇，而不是促使他算计自己的利弊得失的问题之后，他就开始在对话中仅仅作为一个参与者而不是捕猎者（96d，97d）。在《斐多篇》和《会饮篇》中，故事的讲述者仿佛对他们的话题充满敬畏，他们仿佛在讲述一些他们根本无法理解的故事。柏拉图没有把哲学描述成一种简朴而有用的工具；有时，他却把哲学理解为一种势不可当的体验和斗争。

文本说明

大多数现代版的柏拉图著作的页边空白处，都印有一些数字和字母，这是标注柏拉图著作的段落的标准做法。这些数字即"史泰非努标码"（Stephanus nu-mbers）。1578年，由亨利·艾斯廷纳（Henri Estienne）编辑的柏拉图著作首次出版。"艾斯廷纳"的拉丁文即"史泰非努"。在这部书中，这些标码被放在圆括号中，跟在引文或参考书之后，以标明出处。

本书的大部分引文均来自由约翰·库柏（John Cooper）编辑，哈克特（Hackett）公司出版的那本出色的新版《柏拉图全集》（*Plato Complete Works*）。无须破费太多，读者就可以买到一卷本的《柏拉图全集》，那12篇左右现在公认是伪书的作品也包括在内。在某些地方，我使用了库柏版之外的翻译。这些版本是：

Gorgias（《高尔吉亚篇》），trans.W.Helmhold, Indianapolis: Bobbs-Merill, 1952.

Phaedrus（《斐德罗篇》），trans. W.Hamilton, New York: Penguin, 1973.

Protagoras（《普罗泰格拉篇》），ed.G.Vlastos, Indianapolis: Bobbs-Merill, 1956.

Republic（《理想国》），trans.A.Bloom, New York: Basic, 1968.

Symposium（《会饮篇》），trans.W.Hamilton, New York: Penguin, 1951.

注释：

① A.N.Whitehead, *Process and Reality:An Essay in Cosmology*（A.N. 怀特海：《过程与实在：论宇宙哲学》），New York: Free Press, 1978, p.39.

1 柏拉图的生平和时代

On Plato

> 对我们这样的现代人来说,柏拉图是希腊世界的完美体现。然而,什么是希腊?对我们来说,它与上个世纪的考古发现一道构成了时间长河中一组不朽的文学丰碑。我们真正知道的,就是这些文献。
> ——J.H. 兰德尔(J.H.Randall)[1]

关于柏拉图的生平,我们所知道的事实十分有限。他活了80岁(公元前427—前347),这种说法似乎没有什么错;后来,我们发现,这是古代传记作家用来描述一个品德高尚的人的标准寿命。这个标准还包括这样的内容:重要的生平事迹的间隔是20年。柏拉图在20岁的时候结识了苏格拉底;在40岁的时候建立了他的学派,即所谓的学园派,或是初访西西里;在60岁的时候写作了被许多人当作名著的《理想国》。这种做法显然很方便,却又合情合理。

关于他的家庭,我们知道,他出身名门,生活安逸。父亲阿里斯顿（Ariston）在柏拉图还小的时候，就撒手人寰。不过，他的血缘可以通过雅典的最后一位国王克鲁（Codrus）而最终追溯到海神波塞冬（Poseidon）那里；柏拉图的母亲珀里珂提恩（Perictione）亦出身望族，公元前5世纪那位受人尊敬的政治改革家梭伦（Solon，雅典民主城邦的大多数法律制度都是由他制定的），就是这个家族的成员。柏拉图的家族享有显赫的政治声誉在柏拉图青年时代的后期，他的家族仍然活跃于政坛，而且更有政治抱负。珀里珂提恩的表兄弟克里狄亚（Critias）和兄弟查米狄（Charmides）都是声名狼藉的"三十僭主"的成员，雅典在伯罗奔尼撒战争中失败以后，斯巴达便指派寡头〔意思是由"极少数人"统治，通常是由富人执政（公元前404—前403）〕统治雅典。柏拉图有两个兄弟，即阿德曼图（Adeimantus）和格劳康（Glaucon），二者都是《理想国》的主要对话者；有一个妹妹普彤（Potone），她是斯彪西波（Speusippus）的母亲。斯彪西波是柏拉图的接班人，后来的学园首领；还有一个同母异父兄弟安提丰（Antiphon），他是一位驯马师，柏拉图在作品中经常以他为例讨论问题。

　　A. E. 泰勒（A. E. Taylor）对我们所了解的柏拉图的早年生活和成年生活概括得非常好："60岁以前，柏拉图的生平几乎是一片空白。"[②]古代的传记作家告诉我们，他去过埃及和意大利，他学习过数学和宗教，他曾受到巴门尼得（Parmenides）、赫拉克利特（Heraclitus）以及毕达哥拉斯的影响。所有这些都很有趣，但是都没有确定性。根据他的社会地位，我们可以推测，他可能从事过的一些活动，例如在伯罗奔尼撒战争的最后几年，他可能在雅典军队服役；鉴于他的社会地位和经济地位，他很可能是在骑兵部队服役。柏拉图可能是《第七封信》的作者。这封信说，有人邀请他参与"三十僭主"的统治，可是他厌恶他们的目的和手段。民主制度恢复以后，他的政治热情再度复苏，但是他的希望很快变成失望，因为民主制度的首领们把苏格拉底推上审判台，并处以极刑。

像他的兄弟们那样，在军队建功立业，或者，像他的舅父那样，在政界谋求发展，无疑是他可以选择的道路。但是他拒绝做一个公职人员。因为苏格拉底在《申辩篇》中曾这样说过："一个为正义事业而进行真正斗争的人，要想在这个世界上生活哪怕是很短的一段时间，也必须过一种个人的而不是公众的生活。（32a）"在《理想国》中，苏格拉底再次告诫听众："关心城邦事务的人不做任何有益的事情"（496c），他还为袖手旁观的哲学家绘了这样一幅肖像画：

> 精心细致地考虑过所有（政治上不公正的）事情之后，他保持沉默，只关心自己的事——仿佛赶上一场暴风雨，夹杂着泥沙和雨水的狂风席卷而来，他却躲避在一垛矮墙之下。（496b）

究竟是什么促使柏拉图放弃公共事务而转向哲学研究呢？在《理想国》的同一个地方，苏格拉底继续进行自己的讨论：人们是如何加入从事哲学研究的小团体的？如果人们在精神和体魄两方面都很出色，那么不用这些才能来寻求显赫的社会地位或有益的发展道路，对他们来说，这几乎是不可能的。只有首先破除社会地位和政治权利的魔法，才能体验哲学那种直接性程度较低的魅力。美诺、阿克巴德、查米狄一类的人物屡屡提及这个话题，却终究未能逃脱魔法的蛊惑。苏格拉底说，很少有人能够破除这种魔法，除非他被流放，或者在成长过程中，他没有任何政治抱负，或者身体上有残疾，或者认识到他所从事的工作的局限（读者一定记得《申辩篇》中的那个教训：某个领域的行家往往认为，在其他领域，他照样是行家），或者处于苏格拉底那种异乎寻常的境地：让那具有禁阻力的恶魔或守护神警告他远离公众生活。他的朋友和导师苏格拉底在政治上惨遭封杀，这必定会使柏拉图对政治大失所望。无论《第七封信》是否是伪作，在这部文献中，柏拉图毕竟为他之所以放弃从政的道路，提出了可信的理由。

某件事情能够自圆其说，但是这并不足以说明，这件事情真的发生过。在阅读柏拉图的所有传记时，在试图把柏拉图的生平事迹与他的作品所讨论的问题及其讨论方式联系在一起时，我们必须牢记这个座右铭。大多数评论家都希望，柏拉图的生平包含一种情节；大多数人可能希望，我们的生活也包含一种情节，一条能够给我们以指导和安全感的意义主线。但是柏拉图生平的再现，往往立足于读者对自己所喜爱的趣闻轶事（缺乏历史证据）的选择，加上他对可能发生的事情的猜测，再加上这样一种为《第七封信》的真实性进行辩护的循环论证。"这封信的真实性的有力证据是，它非常有助于读者理解柏拉图与狄奥尼修（Dionysius）在某个时期的关系，其他的信却不能说明这个问题"。③换言之，作者希望这个信息具有历史意义，因为它的内容对于实现他的目的很有帮助。

在柏拉图对话中，我们能够看到，有很多青年人与苏格拉底交谈，有些人，例如艾格森和斐德罗，似乎不再属于青年人的范围；由此，我们可以想象，在伯罗奔尼撒战争期间，雅典青年是如何成长的。这些人具体的历史真实性，以及柏拉图似乎将自己看作他们的对立面，看作一个实际上已经改变信仰（皈依），开始从事哲学研究的人，这两个方面使得我们从这些人身上捕捉柏拉图的影子的努力变得复杂而费解。我觉得《会饮篇》中阿克巴德的形象最接近自传。在他的回忆中，苏格拉底如何让别人接受自己的观点，别人如何努力与他交谈，都带有明显的个性。阅读柏拉图的著作时，关注并记录诸如此类的个人反应具有关键意义。这是一些基本关系，它们可以指导我们做进一步的研究；如果这些关系是真实的，它们还有助于我们更深地理解文本的含义。但它们不是论证。我们是否已经捕捉到柏拉图的影子,还仅仅是一个有趣的猜测。毋庸置疑的是,柏拉图三番五次地告诉我们,他的同龄人接触到哲学却没有接受它;与此相反,无论出于何种原因,他接触到哲学并且热诚地接受了它。

柏拉图对话的内在的时间结构,即人们所相信的这些行为的发生时间,总是在苏格拉底去世以前。这似乎不足为奇,因为苏格拉底是大多数对话中的一个人物。正是在这个时期,柏拉图对哲学发生兴趣,却尚未献身于哲学研究。每一篇对话都带有这样一个特征:探讨哲学生活的本质和价值。柏拉图青年时代的一种经历,一种他与我们屡屡共享的体验,就是勇敢地面对哲学。他生活中的其他细节,正如我们生活中的那些细节,仿佛纯属臆测,能否赐予我们一任上帝决断。

以上引证的泰勒教授的论点暗示,对于我们所了解的柏拉图生平,应当区分60岁以前和60岁以后两个阶段。在他60岁这年,发生了两件大事:其一,据柏拉图《书信集》(如果不是伪作)记载,在这个时期,他数次访问叙拉古札;其二,亚里士多德成为柏拉图学园的一名学生,这是我们研究柏拉图的第一手资料的主要来源。根据《书信集》,柏拉图曾三次访问叙拉古札。第一次是在他40岁时。他结识了狄恩(Dion),统治者狄奥尼修一世的一个年轻亲戚,他不满身边的奢侈生活,渴望聆听柏拉图关于精神的满足与自我克制的教诲。他们分手了,但仍然是朋友。狄奥尼修二世即位后,狄恩请求苏格拉底返回叙拉古札,像 20 年前他教育狄恩时那样教育这位新的统治者。一个更为理智(因而更为克制)的统治者将有助于建立一种更为合理(因而更为稳定)的政治制度,这种愿望驱使柏拉图承担起教育这个新的统治者的重任,尽管他的学生已经被 30 年的放纵生活败坏了。作为一种消遣,狄奥尼修二世努力学习,但是他的学习对于他的统治没有产生丝毫影响。他继续坚持追逐个人利益、玩弄阴谋诡计的政治纲领,首先流放狄恩,然后没收他的土地,并且强迫他的妻子改嫁。柏拉图终于认识到,他为狄奥尼修二世所利用,于是返回雅典。7 年后,柏拉图再做努力,试图消除狄恩与狄奥尼修二世之间的隔阂,协调哲学与政治的关系,于是他最后一次访问叙拉古札。他与狄奥尼修二世的关系进一步恶化,后来他实际上遭到软禁,狄奥尼修二世勉强同意他回国。柏拉图与狄恩一直保持联系。几年后,狄恩在叙拉古札成功地发动了一次起义,最后却被人暗害了。

  从历史传记推论哲学传记,就像从"应当"推论"是"的努力一样徒劳无益。几乎所有学者都承认,柏拉图曾访问叙拉古札。很多学者承认,事情的经过正如《第七封信》所述。但是,《理想国》《法律篇》以及其他对话的构思、创作和意义,可以根据这几次出访而加以理解的论点却聚讼纷纭。苏格拉底在《理想国》的中间部分提出哲学王的著名思想:

> 除非哲学家作为国王进行统治，或者现在被称为国王或首领的那些人真正充分地研究哲学，政治权力与哲学在同一个地方并行不悖……否则，城邦就会陷入不幸而永无宁日。我想，对全人类来说，也是如此。我们刚才所描述的那种政治体制也决不会在可能的范围内脱离自然状态，重见朗朗乾坤。（473e）

《第七封信》当然也表达了同样的思想：

> 除非那些真正的哲学家获得最高的政治权力，或者掌握国家政权的那些人由于某种天赐良机而成为真正的哲学家，否则人类将永无宁日。（326b）

但是这封信没有清楚地说明，在柏拉图看来，访问叙拉古札究竟是为了什么。是为了实现建立一个理想城邦的宏伟蓝图，培养一个能够带来永久安宁与正义的哲学王呢？还是为了给一个颓废、任性而软弱的城邦带来更为合理的法律与秩序呢？——尽管野蛮人（不讲希腊语的那些人）的征服将进一步削弱希腊人在意大利的安全感。或许他的访问仅仅是出于友谊，是为了狄恩而不是狄奥尼修二世。柏拉图在西西里的短暂停留表明，他曾涉足当时的政治生活，或者他曾按照理想国的幻想而生活，但这一点与《理想国》的写作意图一样模糊不清。尽管许多人已经作过尝试，但是就访问叙拉古札与写作《理想国》而言，哪一方都似乎无法说明另一方。我们应该如何阅读他的作品，柏拉图的传记虽提供了几条线索，却没有提出切实可行的方案。

公元前5世纪—前4世纪的雅典生活

如果无法全面而直接地了解某人究竟写了什么以及为什么写作，我们就必须尽可能多地搜集与这些著作有关的间接资料。柏拉图的传记仅仅提供了有限的几条线索，比如我们将在下一章详细讨论的柏拉图与苏格拉底的关系。既然对话中的那些故事发生在真实的历史背景之下，那么通过了解它们的发生时间和发生地点，我们可能获得更多的线索。与研究任何一种文化一样，研究和理解古代雅典文化需要学者们付出毕生的精力。真正地潜心研究柏拉图，就是要潜心钻研公元前450—前350年间的宗教习俗、社会政治制度、文学、政治历史以及思想历史。我将简要地讨论所有这些领域，以帮助读者适应我们即将开始的解读。我建议读者进一步参阅质量上乘的讨论古希腊文化的导读性著作，以便获得更为全面的了解。H.D.F. 吉托（Kitto）所著《希腊人》（*The Greeks*）很值得一读。

城　　邦

希腊这个地方有许多天然的地理分界线和防御设施：海岛、山谷、由河流及陡峭多石的山丘分割而成的近海平原。在每个中心地区，一个人口不多但比较稳定的群体在温和的气候条件下过着虽不奢侈却比较安逸的生活。雅典显然是其中最大的一个地区，到公元前 430 年，仅男性公民就有 20 000 人，包括家庭、侨民以及奴隶在内的总人口数量已经达到 350 000。而其他许多城市的人口数量还不足 5 000。这些中心地区独立地发展起来，每一个都成为自主的政治实体，一个城市国家或城邦。

每个城邦都有自己的守护神〔斯巴达（Sparta）的守护神是波塞冬（Poseidon）；雅典的守护神是雅典娜（Athena）〕，自己的经济（斯巴达的经济是农业；雅典的经济是商业，它的大部分食品要从黑海进口），以及自己的政治制度（斯巴达及其盟国实行寡头政治；雅典及其盟国实行民主政治），换言之，它们具有不同的宪法、法律以及刑罚。各城邦有时也团结在一起，签订停战协议和安全通行条约，以便举行像奥林匹克运动会那样的民族性宗教庆典和体育比赛。

因为农场不容易扩展到地理疆界之外，所以小孩子们继承土地的机会受到限制。食品供应与人口增长同样受到制约。早期希腊城市把没有土地的剩余人口组织起来，这些人愿意离开故土，建立一个独立的子城；子城与母城具有血缘上和政治上的关系，经济上却往往保持独立。继希腊大陆之后，殖民者们占领了小亚细亚和爱琴海诸岛；随后，他们冒险进入西西里和意大利南部，又沿海岸北上至法国，建立了马赛、尼斯、摩纳哥、那不勒斯以及叙拉古札。希腊人定居的地中海北部一带，后来被称作大希腊（Greater Greece）。

　　新老城市都需要政治体制，却没有一个标准的模式。波斯的君主专制提供了一种消极模式，有些希腊僭主在执政后试图效仿这种体制，但是大多数城市都根据一部成文的宪法来治理。当社会动荡，特别是没有土地的穷人发起的骚乱危及政治安定时，人们偶尔吁请社会贤达，例如雅典的德拉古（Dracon）或梭伦，修订城邦的法律。如果建立新的城邦或者改造旧的城邦，人们会邀请希腊世界以及周边地区的政治思想家单独地或者以竞争的方式提出一部新宪法。新的法律和政治制度也可能强加给一个战败的城邦：雅典的民主政治，斯巴达的寡头政治以及波斯的君主专制。

战　　争

　　柏拉图对话的背景和方式几乎可以说是流光溢彩的。人们乐于做的事情似乎莫过于围坐成一圈或站在一处聊天。有时人们刚刚从战争（《查米狄篇》中的苏格拉底或《美诺篇》中的美诺）、约会〔《美诺篇》中的欧蒂夫罗（Euthyphro）或苏格拉底〕、故乡或死神那里回来，或者他们正要到那里去。但是除了极少数例外情况，比如苏格拉底临刑之际，这些活动很少出现在对话中。这些对话似乎发生在一个比较幸运的历史时期，社会稳定，政治清明，只是隐约提到动荡，那时苏格拉底正在谈论民主议会（Council）以及紧随其后的"三十僭主"统治的一些政治弊端。在古代雅典，不稳定的政治因素和社会问题是存在的，但是它们很少直接出现在柏拉图对话中。

在这些问题当中，首当其冲的恐怕是战争与安全。因为从成功地击败波斯人入侵直到被马其顿征服的150年间，希腊各城邦之间，尤其是最大的几个城邦如雅典、斯巴达以及后来的底比斯（Thebes）之间，战事不断。公元前490—前480年间，这些城邦团结一心，打退了波斯人的进攻。可是除了共同防御，它们没有任何理由保持团结。于是波斯人改变策略，不再直接进攻，而是挑拨离间希腊各城邦，以削弱其力量，使其无法攻击波斯。雅典和斯巴达各自的雄心壮志受到波斯的鼓动或阻碍，即使没有外来干涉，这些弱点也足以瓦解希腊城邦。

雅典和斯巴达曾联合抗击外敌入侵，可以说，就是从这时起，各自都以怀疑的目光盯着对方。斯巴达拥有一支非常强大的军队，文化发达，还有支持它的那些盟国。在与波斯的战争，特别是在解放被称为伊奥尼亚（Ionia）地区的小亚细亚诸岛和城镇的过程中，雅典建立了自己的海上力量。这些沿海城市成为雅典同盟的基础，继而成为雅典帝国的组成部分。此后 50 年间，雅典迅速发展起来，积累了大量财富，特别是后来几年，即伯里克利（Pericles）执政期间；波斯战争期间被毁的雅典卫城，就是在这时重建的。在雅典的这一黄金时代，艺术繁荣，贸易发达，思想活跃，市民的生活高雅、民主、舒适但不奢华，这与斯巴达保守地坚持传统的文化制度形成鲜明对照。在斯巴达，主要的价值观念是备战，男人和女人通常住在各自的军营，严令禁止积累财富，仿古成为艺术的准则。

经过十几年的争权夺势、破坏对方同盟、在持续不断的区域性战争中赢得战略优势，雅典与斯巴达终于在公元前 431 年开始了各自的毁灭性战争，即伯罗奔尼撒战争，这场战争因斯巴达位于希腊的南部半岛而得名。27 年后，战争结束，雅典战败，但双方国力几乎耗尽，哪一方都无力重建自己的帝国或者恢复对希腊其他地区的霸权统治。此后 60 年间，规模更小的区域性冲突从未间断，底比斯成为第三大国。公元前 338 年，马其顿国王菲利普（Philip）首先试图以和平手段统一希腊城邦，后来还是通过武力实现了希腊的统一。波斯人发动第一次入侵以后的 150 年间，雅典人民从未享受过 10 年的和平。

当柏拉图在雅典帝国的苍茫暮色中进行哲学创作时，老百姓所尊崇的是过去的两个英雄时代；在那个时代，诸神与人类似乎更为融洽或者更为相似。800年前的特洛伊（Trojan）战争创造了阿基里斯（Achilles）和奥德修斯（Odysseus）等神话英雄，使他们成为衡量所有希腊人的力量和狡黠的超凡脱俗的标准。100年前，在马拉松（Marathon）战役以及抗击波斯人的战役中涌现出来的英雄们树立了一个更有人性的标准，并且带领雅典步入80年的繁荣。此后，当伯罗奔尼撒战争猛烈进行时，英雄和无赖纷纷登场，另一种形式的英雄之战同时进行；这是又一个黄金时代，诸神以更直接的方式与人类对话。苏格拉底被尊崇为反击危害社会的力量——诡辩法和修辞学——的英雄。

希腊的教育：诡辩取代了传统价值观念

在修西底德斯引述的一篇悼词中，伯里克利称雅典是希腊的学校。这里是提出新思想、批评新思想并消化新思想的中心。它的民主制度主张言论自由；能够限制这种自由的，仅仅是人们在法庭上为自己辩护的能力。阿里斯托芬在其喜剧中不仅讨论或亲自上台表演身体的大多数功能，而且抨击雅典的大多数社会名流，包括苏格拉底；他指责苏格拉底是诡辩家。诡辩是柏拉图对话的一个主要问题。三个著名的诡辩家〔普罗泰格拉

(Protagoras)、高尔吉亚(Gorgias)、希比亚(Hippias)〕和一个诡辩派无赖欧若德摩(Euthydemus)的名字都出现在对话中,这个费解的名称却另有所指。根据《申辩篇》的记载,如何区别诡辩与哲学,是苏格拉底开始为自己辩护之前就首先讨论的一个问题。在柏拉图对话中,几乎有一半的对话都讨论过这个问题。以下关于修辞学的部分将探讨这一问题。这里,我们有必要考察某段思想史。对于这段历史,"诡辩"这个术语是一个便捷的参照点。

从荷马起直到公元前6世纪,这个术语是指有智慧的人,他们懂得生活的意义,知道应该如何生活,德高望重的"七贤"就是如此。它们往往与传统价值观念相联系。到了公元前5世纪,这个词有了新的含义,它指的是在某些实用领域或实用行业具有实用知识或技能的人。由于技能行业有自己的价值观念,必须具有"智慧"(sophia),因此它们与传统价值观念的关系就不是一成不变的。效率与成功就是它们的价值观念。在现代文化中,我们照样能看到这种现象。

到了公元前5世纪,一些自称是"智者"的人开始了一种新的职业;听众愿意学什么,而且愿意付出学费,他们就教什么。在《小希比亚篇》中,希比亚在鼓吹自己的能力时比别人更直率,但是他所宣称的专业知识的范围却清楚地表明智者的论点。苏格拉底是这样描述希比亚的技艺的:

> 我曾听你吹嘘说,你是那些掌握手艺最多的人中间最有智慧的一个……你曾带着你所有的东西去过奥林匹亚,那些都是你自己的作品……你手上的戒指……还有那个小印章,以及刮身板和油瓶,都是你自己做的……当时你穿的凉鞋,是你自己用皮子做的;你身上的披风和短大衣也是你自己编织的。你说,系在你短大衣外面的那条腰带和价格昂贵的波斯皮带一样;大家觉得,这是最不同寻常、最能显示你的智慧的一件事情……你还带去了自己写的诗——史诗、悲剧、酒神赞歌,以及许多种类不同的散文。你说,对于我们一直讨论的那些题目(算术、几何、天文学),你带来的知识与其他所有人的知识都不同,你还精通韵律、和谐以及文法……你还掌握了巧妙的记忆方法,你认为,你的方法最高明。(368b-e)

听众,特别是那些既有钱又有政治前途的青年听众所需要的,是他们梦寐以求的社交技巧和政治手腕:字面含义的解释,政治学,尤其是在大庭广众面前演说的能力或修辞法。这方面的教育过去由家庭或朋友们代代相传,以实现他们的集体利益或整个城邦的利益,但是从来没有任何人为了个人利益而购买这种服务。在考察如何建立一种有说服力的演说方式的问题时,智者们讲求实效的现实主义态度造成了人们注重可信性而轻视真理的倾向。随着这种方法的出现，传统价值观念沦为操纵别人以谋取私利的手段。以公众的价值观念和有力支持为基础的荣誉感为机会主义者的狂妄、狡诈甚至谎言所取代。人们怀着矛盾的心情公开指责"诡辩"这一术语。说某人是智者，已经成为一种蔑称，意思是这个人过于精明善辩，只求实效与欺骗，却无视真理；他只关心自己的利益，即个人所得，而不考虑城邦的利益。然而，智者那种能够赢得辩论主动权的能力受到社会的高度重视，尤其是青年人，他们把这种能力看作事业成功的可靠保证。在《普罗泰格拉篇》中，苏格拉底说，如果有人指点，希波克拉底（Hippocrates）可能成为一个智者，这时，苏格拉底的这个青年朋友满面羞惭，可是他仍然渴望学到那种能说服别人的讲话诀窍（312a）。

"智慧"这个术语的演变反映了希腊文化的重要变化。自公元前 1200 年以来，曾经以天启形式而口头传诵的许多特洛伊战争史诗，正如基督徒的《圣经》那样，成为权威性作品。约公元前 800 年，荷马改编《伊利亚特》(*Iliad*) 和《奥德赛》(*Odyssey*)，改编后的史诗于是成为标准史诗，大约 200 年之后，它们以文字的形式被记录下来。至少在此后 200 年间，荷马史诗一直是希腊教育的基础。在口述文化中，这些故事经过多次转述，人们就能够记住而且重复故事的大部分内容。故事的吟诵者能够记住用来表演的整篇诗歌，每个晚上的表演也许持续四个小时，连续表演六个晚上。我们现在仍然具有这样的能力。例如小孩子们在听了几个晚上的故事以后，就能改正父母讲故事时所发生的偏差；我的学生们看某个影片多达十二三次之后，就能复述全部对话。

柏拉图对话也有类似的故事与争论交织在一起的情况。这些对话的创作基础是荷马的传统，特别是荷马史诗在公元前5世纪的演变；在这个时期，戏剧和悲剧发展成为人们讨论、批评和解决社会问题与价值观念的主要场所。酒神节期间上演的戏剧保持着天启文学的宗教背景。像《会饮篇》中的斐德罗（Phaedrus）那样，人们可以引述埃斯库罗斯（Aeschylus）和索福克勒斯（Sophocles），正如人们可以引述《圣经》那样，以显示传统价值观念的权威性。但是经过这些作家转述的古代故事越来越具有鲜明的个性。例如，它们被埃斯库罗斯当作说教的工具来声援民族主义，此后又被欧里庇得斯（Euripides）用来批评民族主义。过去的口述史诗的含义构成希腊文化的基础，以这些史诗为根据的传统故事现在被用来实现诗人们的目的。欧里庇得斯在其悲剧中有意把美狄亚（Medea）这个人物塑造为一个富有同情心的人，与她口是心非的希腊情人伊阿宋（Jason）形成鲜明对照，这就对观众久已形成的希腊人优越于野蛮人的观念提出质疑。

听众似乎可以接受荷马语言的字面真理。多次听过这些故事之后，这些语言就会变得尽人皆知。作者的动机或用意无可稽考。还是像《圣经》一样，这些故事莫名其妙地具有自己的完整性和明确性。像智者的辩论一样，诗人所构造的情节似乎越来越注重可信性和舆论而不是真理，或者它们至少需要某些说明，以便人们能够理解。

背离朴素的传统价值观念的最后一种原因是文化相对主义，这种思潮起源于希腊与其邻国，特别是与波斯的交往，以及各城邦之间的更多接触。公元前5世纪以前，每个城邦都有自己的守护神和宗教节日，以及各自的宪法和军队、历史和未来。波斯战争开始瓦解各个城邦得以发展的那个基础。这时，各个城邦的军队联合起来，在相对统一的指挥下共同抗击外敌的入侵，尽管有的城邦，通常是斯巴达，总是威胁要撤回自己的军队。军事技术更多的是与效率，而不是与各地的传统文化有关。更重要的是，随着雅典与斯巴达两大同盟的不断扩张，市民们鼓动城邦要么采取雅典式的民主宪法，要么采取斯巴达式的寡头制度。各城邦出现了拥护这两种事业的组织严密的派别，穷人站在雅典一边，主张自由；富人站在斯巴达一边，主张严厉的法律制度，以保护他们的财产。在这个世纪，由于内战不断，各城邦不再像以往那样特色分明（在有些地方，因为要镇压起义，城邦的特色已经完全消失），因为它们时而团结，时而斗争，偶尔还超出两大同盟之外。雅典的特色就是没有保留什么特色。它已成为世界性的城市，一个国际化大都市，接纳来自大希腊地区的所有侨民，并把他们安置在被称为比雷埃夫斯（Piraeus）的一个港口城市。这些人带来新的习俗、观念和工业。雅典给予他们充分的自由，因此他们可以保持自己的习俗，例如在比雷埃夫斯举行的朋迪斯节（Bendis），《理想国》中的情节即以此为背景。

城市间的接触愈益频繁，竞争日趋激烈，自然会出现哪些风俗习惯最好的问题。锻炼身体时应该一丝不挂（"健身场"的意思是裸体锻炼的地方），还是穿上些衣服？陪审团应该是选举的或任命的，还是由抽签来决定？应该对宙斯（Zeus）发誓，还是对阿波罗（Apollo）或者波塞冬发誓呢？希罗多德（Herodotus）记录了波斯战争的历史以及他在波斯、埃及、大希腊地区所做的游历。对于这些遥远邻邦的奇风异俗，他每每表示惊叹，却又信以为真。有这样一个著名的例子：波斯国王大流士（Darius）说，习惯了焚烧尸体的希腊人厌恶吃尸体的风俗，正如习惯了吃尸体的某些印度人厌恶焚烧尸体一样。为了评价某种文化所倡导的风俗习惯，评价者必须使用一套建立在某种具体文化之上的价值观念。似乎不存在任何独立于文化的评价判断。于是自然作为价值观念的一个独立源泉，被引入这场争论。

过去的几百年，自然一直作为独立的实体（entity）。此前，自然是诸神的表现。自然被诸神分割，以反映他们的意愿。如果他们高兴，自然就欣欣向荣；如果他们不高兴，自然就萧瑟荒芜。自然完全缺乏独立性。如果谁想从自然那里得到什么，例如一个好的收成，那么实现这个目标的途径就是要确保适当的神灵心满意足。后来，自然被当作某种独立不依的东西。泰勒斯（Thales，公元前 625—前 545）开始思考自然的结构和秩序（宇宙），他想知道，所有事物是否由一种基本的物质组成。他选择的物质是水，水包含四种已知元素中的三种元素：土（冰是固体）、气（蒸汽是气体）、水，只有火还不能被清楚地推演出来。阿那克西美尼（Anaximenes，公元前 580—前 500）选择了气，气倒是能包含以上四者，既有从天而降的火焰般的闪电，又有液态的水和固态的雪和冰。这些早期自然哲学家所提出的具体方案与其说具有重要意义，毋宁说他们首先开启了研究自然之先河。人们可以研究自然，并且提出一种解释（逻各斯）。如果这种解释是正确的，那么自然肯定具有某种独立于反复无常的诸神的稳定性。这种思想类似于我们在 17 世纪所遇到的那个问题，那时，我们把自然从上帝的奇迹中解放出来，以便使自然成为确定的研究对象。

一个独立不依的自然（phusis）成为具有文化中立性的可用以描述世界的工具，世界包括人类文化（nomos）和价值观念；自然甚至成为一个独立的价值观念。按照自然规律生活已经成为过上幸福生活的一种途径。因此在早期医学中，有些植物可以治病，有些植物可以使人得病，却无须考虑文化背景。但是由于一个具有普遍性和稳定性的自然取代了反复无常的文化传统，成为人类行为的楷模，而智者成了自然的倡导者，于是一场大辩论开始了。传统思想认为，文明的任务是把人类提升到高于动物的水平，而新的思想主张，人的本质与任何其他生物一样，都是自然的一部分。

"弱肉强食"似乎是自然界的普遍法则，所以发展高于对方的能力仿佛是人类行为的自然准则。美诺（Meno）在对话中最后为人类美德下了一个简单的定义，认为美德就是获取好的事物的能力（78c）。《欧若德摩篇》(*Euthydemus*)以两个前任摔跤教练为例，考察了"强者"的观念。以前的摔跤教练现在已改弦更张，开始从事较为容易的教导人们深思语言的职业。一个人如果能够像使用自己的身体那样使用语言，那么她就是强者，因为她能控制对方，使其妥协投降。精明是人的一种力量，而智者所传授的正是这种力量。

然而，与培养能力并实现自己的愿望相关的一个问题是，某人认为对他有利的事情，是否真的对他有利。我真的知道什么东西对我有益？我是否会弄错呢？希望拥有权力的那个美诺终于如愿以偿，他做了远征波斯的将军。他打算到这个帝国去聚敛财富，结果适得其反，他被俘虏了，后来被折磨致死。在《理想国》的第一卷中，苏格拉底与色拉叙马霍斯（Thrasymachus）考察了某人的利益这一观念。某人的利益就是他所认为的那种利益呢，还是有一种可以确定这种利益究竟是什么的客观方法呢？如果一个人理解错了真正对他有益的事情，那么，这个人越是有力，他在追逐自己的利益时就越是危险。一头猛兽的利益就是能够繁殖并保持其遗传因子。但是就人类而言，情况更加复杂。一个身患致命的遗传疾病的人是否希望生育几个注定要经受折磨和夭折的孩子呢?智者鼓动听众,要他们相信,我们每个人都知道什么东西对我们有益;听众可以判定,智者能带来哪些好处。我对于自己的利益一无所知。哲学把我们的无知作为它的构成原则和基本问题之一。

与其他希腊城邦和其他文化的接触与竞争,传统思想体系之外的一些新问题(例如军事同盟)的出现,艺术由表现缪斯女神所启发的神圣真理转向艺术家表现自己的信念,人们开始探索自然,宗教信念也发生了相应的变化,作为超自然的魔术家的诸神演变为自然力量的代表——公元前500年以后发生的所有这些变化削弱了希腊各城邦的传统价值观念。〔在《斐德罗篇》中,北风之神(Boreas)仅仅是风〕。个人和社会都要求探索新的价值观念的起源。修辞学和哲学就出现在这个真空状态之中,前者是有效地讨论并使人相信某些价值观念或其他论题的方法;后者是研究价值观念或其他论题的方法。我们将更详细地考察修辞学。

修辞学(上)

演说是希腊生活,特别是雅典生活的重要组成部分。荷马史诗中的英雄以"行为果敢和能言善辩"著称。强大的杀人者阿基里斯与迂回曲折的讲故事者奥德修斯相对应,就是鲜明的例证。在《奥德赛》中，奥德修斯屡屡乔装打扮，编造履历，而且献出闻名千古的"木马记"，这些都说明了荷马史诗迂回曲折的特征。因此有谚语说：希腊人送礼，没安好心。但是这个谚语很容易被修改为：希腊人讲故事，没安好心。

希罗多德在描述其冒险经历和波斯战争的进程时，再现了人们在演说、辩论或讨论中曾使用过的语言。修西底德斯在其所著《伯罗奔尼撒战争史》中，更详细地记载了当时的语言，重现了在政治性问题的讨论中辩论双方各抒己见的情景，叙事部分则记录结果和政治性事件的重要意义。他还记录了个别的示范性演说，例如伯利克里曾经为阵亡的雅典将士致悼词；在这篇文献中，他赞美了雅典以及雅典的生活方式。④

所有这些演说的一个值得注意的地方，是可信性及其与真理的关系。对可信性问题的关注引发修辞学的研究，对真理的关注引发哲学研究。二者都在公元前 5 世纪发展起来。我们将在这一章讨论修辞学的发展背景及其社会意义。这里讨论的结果将使我们在下一章的结尾处，即在我们考察完哲学之后，返回这个论题。然后，我们才能确定，修辞学与哲学是否真的不同，这种不同是如何发生的。

希腊政治生活的现实要求每一个公民必须像传说中的或历史上的英雄人物那样，能够发表演说。在雅典以及其他城邦的民主政体中，规模较大的公共集会往往围绕某些问题举行辩论，然后投票决定他们的解决方案。有效的演说者能够引导其同胞形成一种讨论方法，以赞成或反对政府关于战争、贸易、公共建筑以及外交的提案，与我们现在的做法相差无几。政治权力依赖于有效的演说。好的思想固然有益，但是如果不能用简洁的语言把它们表述出来，那么参加集会的群众不可能受过专门训练或具有很大的耐心。更重要的是，一个有效的演说者可能提出一种普普通通的思想，却能使它听起来非同一般。政治权力取决于赢得公众支持的能力，而不是取决于最好的思想。例如，德摩斯梯尼（Demosthenes）成功地说服雅典议会否决了马其顿国王菲利普的建议，结果为雅典带来一场不必要的战争和失败。

传统希腊思想对个人成就的定义是过一种高尚而满意的生活。政治成就也在于创造一种满意的市民生活。俄狄浦斯（Oedipus）的故事说明，这种幸福既脆弱，又复杂。然而，让人们听起来觉得，某人知道他在谈论什么，而且知道如何才能达到自己的目的，这也许仅仅要求这个人做一项简单的研究，看看听众对某一问题知道些什么，希望听什么。美诺在其对话中已经认识到："对于人们可能请教你的任何问题，都要像专家那样，做出大胆的自信的回答。"如果他信心百倍，听起来像一个专家，人们就会相信，他知道他在谈论什么。这使他得以兑现智者们对听众通常所做的那种许愿，因为听众是他们百般逢迎的衣食父母。"他本人愿意为任何一个希望请教他的希腊人答疑解难，而且他能够回答任何问题"（70b-c）。⑤

现在的民意测验引导我们社会的讨论，帮助政治家们"听起来像一个专家"，因为民意测验能够确定听众愿意听的那些名词，无论这些名词所提供的信息是什么。一个聪明的政治家会利用民意测验来骗取公众的希望和恐惧，与其说他试图理解某个问题，毋宁说他是在为自己捞取功名。这些有政治前途的希腊青年热衷于学习修辞法，因为修辞法讲的是演说风格与听众的具体信念如何吻合的技巧。

雅典生活中另一个有关的事实是法律制度。无论是作为原告或被告，个人必须在法院自己提出诉讼。与现在不同，那时还没有法律机关，也没有政府官员去捉拿犯罪嫌疑人，然后到法院起诉他们。刑事诉讼在两个公民之间进行。有效的演说者可能侵扰对方，他会首先提出虚假诉讼，然后提出有力的论证；他也可能故意犯罪，以为他能在辩论中胜过任何一个可能的起诉人。这是凯里克利（Callicles）在《高尔吉亚篇》中所做的描述，以说服苏格拉底放弃哲学，教授修辞学：

> 虽然你没有做任何坏事，但是，如果有人想把你或任何别的人抓起来，投进监狱，说你触犯了法律，那么你一定非常明白，你不可能保护自己。你站在那里，头昏脑涨，目瞪口呆，一句话也说不出来。尽管那个家伙的指控并非纯粹捏造，也不完全虚假，但是，如果他硬是把你拽上法庭，要求把你判处死刑，你就得去死。（486b）

毫无疑问，这里回响着《申辩篇》中的情景，在这篇文献中，苏格拉底由于政治原因而被起诉。苏格拉底确实回应了凯里克利：如果是真理的法庭进行判决，那么哑口无言的应该是他，被判处死刑的也应该是他。苏格拉底是否为自己及其使命做了充分的辩护，我们将在下一章详细讨论。

我们已经看到，智者们教授许多学科，但是任何学科都不像修辞学那样受欢迎。在《普罗泰格拉篇》中，当苏格拉底和他的青年学生希波克拉底来到智者们的住所时，他们发现希比亚正在谈论物理学和天文学，普罗狄柯（Prodicus）正在解释同义词的细微区别，普罗泰格拉正在回答任何学科的任何问题。可是当话题转向政治的艺术和修辞的作用时，他们都参加进来，为这个中心论题辩护。这是他们的命根子。为了听起来有说服力，一个人必须对许多事物都有所了解，因此智者们都很博学，他们的词汇量以及他们做出的理论概括几乎涵盖了人类经验的所有领域。他们不是要教会一个人应该如何与将军、造船工程师或医生交谈，更不是要教会他应该如何去从事这些工作；毋宁说，他们的目的是教会他应该如何与听众讨论这些话题，尽管听众对这些专家们的实际方法和做法基本上是一无所知。⑥

某人必须做出明智的选择，而且至少知道，什么时候应该搜集更多信息，应该请教哪些专家；对这个人来说，政治家应当对许多事物都有所了解的论点似乎是有益的。这里，智者的现代支持者们公正地捍卫了他们所起的作用，因为他们培养了民主制度所必需的具有较为广博的知识和较强的适应能力的公民。然而，正是这种广博但肤浅的知识可能被用来操纵那些知识有限的听众，使他们永远处于无知的状态。哲学与修辞学的主要区别在于，哲学旨在研究探索，拓宽知识，而修辞学的目的是阻碍研究，限制知识，以便使多数人处于无知状态，使他们成为可靠的、顺服的听众。

　　说服的艺术包含这样一个问题：它与真理没有必然联系。人们所谈论的东西取决于他们所相信的东西。有权使用谎言的修辞学一旦进入一场对话或一种文化，发现或消除它则非常困难。只有在一个期望真理的体系中，谎言才可能骗人。如果谎言是可以预见的，人们就会对语言持怀疑态度，甚至抛弃语言。因此，只有通过掩盖它正在做的事情，修辞学才得以继续存在。例如苏格拉底在《申辩篇》中说，决不要做一个好的演说家；保萨尼阿斯（Pausanias）在《会饮篇》中说，他的发言不过是临时准备的；当苏格拉底在《斐德罗篇》中发表带有修辞色彩的讲话时，头都不敢抬。修辞学必须在其他学科面前隐蔽自己；如果我们对自己也隐瞒这一事实，那么这个要求可能变得更具危害性。有时我们自己的谎言会进入意识领域，我们却宁愿忽视它，正如伊俄卡斯特（Jocasta）劝告俄狄浦斯，不要再到牧羊人那里去打听被遗弃在山坡上的婴儿。她说服自己不要去思想过去的事情所造成的后果。俄狄浦斯执意要追问，于是伊俄卡斯特的修辞法暴露无遗。她再也无法掩盖的奇耻大辱——乱伦,将她逼上绝路。欺骗别人与自我欺骗的问题是我们以后将要讨论的内容,我们将从哲学上为修辞学恢复名誉。

宗　教

开始阅读柏拉图对话之前,我们有必要围绕希腊和雅典的宗教信念和习俗展开一些讨论。这里有一个特别的原因:有些评论家根据柏拉图所属的具体宗教派别,来解释他所提出的某些比喻或论证,以及他之所以要证明某些思想(例如灵魂不死)的必要性。谁也不知道柏拉图属于哪个宗教派别,因此"推论出"他的宗教信念是一件有趣的通常也是可能的事情,尽管这样的推论没有任何必然性;相反,以他的宗教信念为"出发点"的推论往往没有任何可靠的根据,一般说来,这些论证仅仅来自对他以前的信念的猜测。

到了公元前400年,雅典的宗教信念与现在的美国多少有些类似:有些人信仰宗教,有些人什么都不信。有些人坚持传统信念,信奉荷马时代的奥林匹斯诸神。有些人改革了传统信念,减少了其中的迷信成分,却增加了其中的理性成分和道德成分。有些人追随更新的常常是外来的宗教运动,例如奥菲士(Orphic)教以及其他神秘宗派。还有些人否认诸神的存在,或者他们至少是不承认我们能够认识任何神灵。

传统信念既属于全国，又属于各城邦。各城邦都有自己的自然神灵（河流、树木、洞穴），都崇拜各地的英雄。斐德罗在其对话中遵循这个体例，在争论到应该选择哪位神灵为他的誓言担保时，他选择了身边的一棵树（236d）。每个城邦都选择了具体的奥林匹斯神灵。雅典的雅典娜、斯巴达的波塞冬、阿尔戈斯（Argos）的赫拉（Hera）是这些城邦的支持者和守护神，可是在其他地方，他们就恢复常态。人们不仅仅是以一种方式崇拜神灵，例如波塞尼亚在《会饮篇》中所提到的那样。雅典为阿弗洛狄特（Aphrodite）建了两座神庙，一座是地方性崇拜，可能与雅典的官妓有关；另一座的历史更为悠久，可能起源于叙利亚。

传统的宗教信念也有其政治地位。宗教节日，例如祭祀酒神的戏剧节，是城邦生活与市民假日的法定部分。做一个城邦的市民，就意味着他有责任敬奉该城邦的神灵。人们通常不会严格遵守这些法律，除非有政治压力，例如刚刚复辟的民主政府试图消除雅典的不稳定因素，于是起诉苏格拉底，指控他不虔诚。更能代表当时宗教风气的一个人物是欧蒂夫罗（Euthyphro），一个宗教狂热分子。他自己也承认，多数人并不真的相信他。

新的宗教信念大多来自东方未开化的国家，后逐渐被东部和南部的希腊城邦所接受。来自色雷斯（Thrace）的外国侨民将他们的女神朋迪斯带到雅典的比雷埃夫斯，也带进了柏拉图的《理想国》。更重要的是，此前传入的狂热（酒神附体）而又狂欢（在热烈的集体庆贺中丧失自我）的狄俄尼索斯（Dionysus）崇拜。酒神狄俄尼索斯是一个未开化的野蛮神灵，常醉酒，能转世投胎。奥菲士教派是狄俄尼索斯崇拜者的一个分支，它的许多信念都反映在柏拉图对话中。人类一半起源于神灵；一半起源于大地。被杀的狄俄尼索斯（后来又复活）的血以及曾经统治地球的泰坦人（Titan）的骨灰共同创造了人类。我们的神圣灵魂被禁闭在肉体的监狱中。要想求得解脱，必须遵循奥菲士教派的禁欲主义生活方式，经历数次转世投胎，然后加入狄俄尼索斯的纵酒狂欢，以便获得自由。生活的最大乐趣不在现世，现世不过是对我们进入来世的准备工作的一种考验。

奥菲士主义以《美诺篇》中提到的依洛西斯秘密仪式（Eleusinian Mysteries）的早期信念为基础，主张人类应该在现世为来世的更好生活做准备。奥菲士主义影响了毕达哥拉斯（Pythagoras），后者以数学和天文学方面的研究著称，而且建立了一个严密的宗教团体。与奥菲士信徒一样，他相信，只有否定肉体欲望，才能净化灵魂，实现更彻底的转世投胎，直到最终摆脱物质世界的束缚。毕达哥拉斯主义者重新讲述《斐多篇》的故事，其中穿插了许多关于他们信念的讨论；柏拉图究竟赞成还是批评这些信念，则是一个悬而未决的问题。

对那些有知识的人来说，科学研究已经限定了神灵活动的领域，已经把神灵驱逐到大多数的日常事务之外。如亚里士多德所言，石头历来就有向下坠落的倾向，这是它们的本质，而不是由于神灵的指使才偶然如此。可是那些轻信别人的人，无论是当时或现在，仍然相信神灵甚至存在于我们的生活细节之中，我们可以讨好神灵，以消除疾病，博得情人爱慕，或拦住一辆即将倾覆的战车。思想深刻的雅典人已经知道关于地球是圆的的论证；他们已经认识到日月经天是显而易见的事实，彩虹或闪电等自然现象的发生无须神灵的参与。

反对超自然解释的不合理性的许多论证肇始于色诺芬（Xenophanes，公元前570—前470），这些论证成为后来无神论和不可知论的思想渊源。色诺芬在好几条战线上攻击当时盛行的神灵观念。用神灵解释自然现象的做法，排除了我们能够理解这些自然现象，进而利用它们来改善我们生活的可能性。

相信神灵还妨碍我们照顾自己。据说，神灵的性活动和社交活动都不讲究道德。如果这些神灵代表自然力量，那么他们的无道德行为还是可以接受的；但是，由于他们与人类的相似性越来越多，他们就被当作人类行为的楷模。他们奸污妇女，肆行无忌。在当时看来，这样的行径显然不合乎道德，不能为真正的神灵所接受。要么这些故事是胡编乱造的，要么这些神灵不是真正的神灵。最后，色诺芬为宗教得出一个文化相对主义的结论，认为我们人类是按照自己的形象创造出这些神灵的。

每个地方的人都认为,神灵的长相与他们相似。他的论证更彻底:

> 但是,如果牛马或狮子也长着手,也能用手画画,也能做人的事情,那么马会把神灵画成马,牛会把神灵画成牛,它们会按照各自的身体来描画神灵的身体。⑦

我们想象出来的神灵不过是我们自己的理想化图像。如果有神灵存在,那么他们为什么应该具有人的形状或其他任何形状?在指导我们的行为时,他们为我们所提供的究竟是前进的方向还是混乱的观念?他们是自然界的组织原则,还是自然规律的障碍?这就是公元前5世纪人们所讨论的宗教问题的一部分。它们带来的那种文化审判处死了苏格拉底,仿佛麦卡锡时代的政治迫害,却不像马萨诸塞州那些严格的正统清教徒。

以上是我们对公元前5—前4世纪的雅典文化所做的回顾。我们考察了与柏拉图对话有关的一些问题,其中既包括对话的外部环境,又包括对话所涉及的论题。这里介绍得很笼统。如果这里所做的介绍是成功的,那么读者已经接触到与理解一个作家及其作品有关的许多问题,这一点既适用于古代雅典作家,也适用于现代作家;当这些论题在柏拉图对话中出现时,读者能够按照以上介绍的几条思路展开研究。

注释：

① J.H.Randall, *Plato: Dramatist of the Life of Reason*（J.H. 兰德尔：《柏拉图：理性生活的剧作家》），New York: Columbia University Press, 1970，p.36.

② A.E.Taylor, *Plato*（A.E. 泰勒：《柏拉图》），New York:Meridian, 1956, p.8.

③ L.A.Post, *Thirteen Epistles of Plato*（L.A. 波斯特：《柏拉图的十三封书信》），1925, p.25. 引自 J.E.Raven, *Plato's Thought in the Making*（J.E. 雷文：《柏拉图思想的形成》），Cambridge: Cambridge University Press, 1965，p.22.

④ 在雅典，每年都有一个"纪念日"，用来追思那些为城邦而献身的阵亡将士。在纪念日的庆祝活动中发表演说的人须通过比赛来确定。在柏拉图的《美纳克塞纳篇》(*Menexenus*)中，苏格拉底过分地渲染了在纪念日发表的一篇演说。他说，他是从伯里克利的情人阿斯帕齐娅（Aspasia）那里听到这篇演讲的。他说，伯里克利的演讲稿也是她写的。

⑤ 参考《小希比亚篇》363d；《高尔吉亚篇》448d。

⑥ 一则有名的电视广告是这样开头的：我不是一个真的医生，我只是在电视上演过一个医生。这种劝告的潜台词是，电视上的医生能够比真的医生更有效地树立观众心目中的医生的形象。因此观众不愿意听一个真医生的话，反倒愿意听他们所假设的那个专家的话。

⑦ Kirk and Raven, *The Presocratic Philosophers*（柯克、雷文：《苏格拉底以前的哲学家》），Cambridge: Cambridge University Press, 1971，p.169.

# 2 哲学

On Plato

> 在阅读一个重要思想家的作品时，首先要寻找他文章中显而易见的谬论；然后再问自己，一个理智健全的人怎么会写出如此荒谬的文章。当你发现答案后，……当这些段落的含义显现出来之后，你就会发现，那些具有重要意义的段落，那些你以前认为读懂的段落，已经改变了它们的含义。
>
> ——托马斯·库恩（Thomas Kuhn）[①]

哲学界最激烈的争论之一就是哲学的本质问题。哲学家们曾以多种方式描述他们所从事的工作：哲学旨在探索正确的思维、行为和感觉的规律（逻辑、伦理学和美学），或培养一种能够对环境的刺激作出合理反应的习惯，或通过消除不必要的甚至危险的含混术语来净化它的语言和思想，或证明上帝与人类、信仰与理性的合理关系，等等。长期以来，理解形而上学，即理解存在物的基本原理，一直是人们的最大心愿；然而，对我们这个时代来说，无论是在书店还是在"特异功能"演示场，形而上学已经成了不可思议的代名词。这些差异主要是由词汇变化造成的，而哲学的本质基本上保持不变，抑或哲学研究本身也会发生变化？

为了理解柏拉图的哲学著作，我们必须首先简要地说明他所谓的哲学究竟是什么。但是无论我们以什么方式展开讨论，如何解释柏拉图所谓的哲学则似乎是以假定作为论据进行讨论的。假如说哲学就是理解和运用正确的推论，那么哲学家是否可以故意使用谬论却不必提醒我们呢？如果对话中出现了谬论，那么柏拉图是在讨论其他问题而不是在讨论哲学吗？如果我们同意奥卡姆（Ockham）的观点，尽可能地减少解释原则的数量，那么当柏拉图把神灵引入哲学，以解释美德的起源，或者当他引入所有那些神圣的东西，以解释我们思想的起源时，我们会怪罪他吗？

当代大多数哲学拒绝进行创立一种合理的体系，以全面解释人类经验的任何尝试。然而，柏拉图似乎准备从事这项工作，因为他在《理想国》中描绘了一个"理想的城邦"，在《斐德罗篇》中展示了一些"理想的形式"（理念），在《斐多篇》中阐述了灵魂的永恒生命，等等。许多评论家和教科书一开始就假定，柏拉图着力建造的那种体系正是他们（它们）应当揭露和摒弃的。这就使我们所理解的柏拉图与我们所理解的哲学本身发生了冲突。我们投入大量的精力和时间研究哲学，而且这种投入不可能改变，于是我们把柏拉图抬出来，让他作陪衬。通过揭露理想城邦、理念以及灵魂不死等观念的缺陷，我们显示了自己的优势。因为击倒了这个稻草人，我们颇感欣慰。

我认为，柏拉图对话中的那些论点一般来说都能被推翻。我们的文化喜好辩论，提倡竞争，与古代雅典文化非常相似；在这样一种文化中，推翻一种论点往往标志着问题的终结。但是我认为，在柏拉图看来，这恰恰是追问的开端。哲学既要摧毁又要建立某些论点和观念，换言之，哲学要批评这些思想观念。我们在一个思想家的著作中所发现的那些谬误，也许正是来自我们的自信，因为它为我们所做的辩护使我们对自己生活和思想中那些存在问题的方面视而不见。与其说柏拉图为我们提供了一些答案，毋宁说他帮助我们提出了一些问题。[②]无论我们的哲学出发点是什么，都必须时刻牢记库恩的劝告。如果我们在阅读一个公认的哲学家的作品时遇到一些荒谬的论点，我们必须首先检查我们自己的哲学观念及其方法是否灵活多变，足以包容潜藏于这些听来荒谬的论点之中的任何见解。希望正确的心愿必须通过我们也会犯错误这样一种危险来中和。

柏拉图让苏格拉底来比较哲学与死亡，让他通过各种难堪的话题，例如灵魂及其健康、不朽、转世以及讨论来世生活的一些故事，来详细阐述这个问题。他还建议哲学家们应该成为国王。他承认他真的一无所知（爱情除外）。他说他用所有的时间来审查自己。他不承认他是一个了不起的演说者，却能在每次讨论中掌握主动，除了他接受审判的那次讨论，在那次讨论中，他的生死都成了问题。如此等等。这些叙述都很奇特，本章的以下内容旨在提出一个足够广泛的哲学概念，以理解所有这些陈述的含义。我希望第一章已经在柏拉图的时代与我们这个时代之间建立起一些相似之处而不是差异。我认为，正如哲学家们也烦扰柏拉图一样，现在烦扰我们的那些问题以及我们所理解的当代哲学的正确性问题，往往是令人不安地建立在柏拉图那些显而易见的谬论之上。表面看来毫无哲学意义的内容也许正是我们必须进行审查的部分，以便更好地理解柏拉图哲学的方法和目的。

死　亡

　　我们讨论的出发点具有相当的随意性。线索很多，如果我们始终如一地开动脑筋，寻找线头，按照其中的任何一条追问下去，那么它将告诉我们哲学的本质是什么。这是柏拉图写作如此多的对话，介绍进入哲学生活的不同途径的原因之一。我们的生活和思想包含许多方面，任何一条线索都不能作为最高的认识途径。为了写作《形而上学的沉思》，笛卡尔尽可能地使自己远离生活，以便发现这样的线索，而柏拉图总是在事情进展的过程中采取行动。有些地方能够避开生活的喧嚣，比如有庇护作用的家庭，与世隔绝的监狱，城墙外边的旷野，但是人们总要接触其他的人与其他的事。因此在以下讨论中，我们既要顺着死亡的线索前进，又要围绕我们的话题穿插其他线索。容忍这种笨拙方法的报偿是，我们可能会更好地领略柏拉图对话的全貌。

在《斐多篇》中，苏格拉底把哲学描述成是"死去的练习和死去的状态"（64a）。因为他真的在这篇对话中死了，所以他的这几句话包含着某种令人满意的真实性。但是死去似乎是一种只有当你活着的时候才能练习，而且只能练习一次的行为。苏格拉底这个人物莫名其妙地具备了上述两个条件。在柏拉图对话的读者看来，历史上的苏格拉底早已作古，他临终的思想固定不变了，仿佛《斐多篇》中的西伯（Cebes）讲到的那个死了的裁缝所做的最后一件披风（87b-e）。然而，戏剧中的苏格拉底仍然健在，他的思想还在变化。他是在练习死了以后的状态，以便使自己的思想能够变得和自己的尸体一样僵硬？有人问他喜欢什么样的安葬方式，他笑着说："如果你能找到我，我也不躲避你，那么你可以选择任何方式。"上文已经暗示，肉体的死亡不可能成为一个人的思想的终点；苏格拉底还在奔走。他的肉体死了，但这并没有为我们提供一幅可资参考的遗照，以便我们了解他临终的思想。如果不是这样一种永恒性似乎在伴随苏格拉底所期望的那种死亡，那么他所期望的究竟是什么？他正在练习的究竟是什么？

《斐多篇》已经表明，为了揭开这个谜团，读者必须理解"psuche"的永恒本质，这个希腊语单词最通行的翻译是"灵魂"。这个单词在演变过程中发展出三种含义，它们都与我们这里的讨论有关。这个单词本来的含义是力量，一种能够使某物具有生命的力量。这种思想通过相应的拉丁语单词"anima"进入英语，"anima"在一个事物中的出现会使这个事物获得生命（animated），或使它能够像动物（animals）那样运动自己的身体。据荷马史诗记载，如果一个士兵在特洛伊战争中阵亡，他的灵魂总会离开那正在死去的肉体，因为有死亡的地方不可能出现生命；③ "psuche"的第二种含义是"精神"，即我们通常所说的"灵魂"，是作为宗教思想演化而来的，这种宗教思想详细地阐述了生命在来世的地狱中的生活状况。《荷马史诗》中那些郁郁不乐而又沉默寡言的幽灵演变为一些可以接受赏罚、其灵魂可以转世的存在者。这种生命力会表现为一个具体的生命；第三种含义阐述的是我们人类内部最为活跃的一个部分，肉体睡觉时这个部分都保持清醒——这就是人的心灵。苏格拉底在这些意义之间游移不决，不停地使用一些与灵魂生活相关的术语和比喻，以帮助我们理解那鲜为人知的心灵生活。

一个禁欲主义者可以练习肉体的死亡，以便更好地理解精神在摆脱肉体之后所享受的生活。哲学家之所以练习观念的死亡，是为了更好地理解心灵的生活。这听起来自相矛盾。我们为什么必须做一些特殊的事情，才能理解我们内部最为活跃的那些因素呢？因为在我们生活的大部分时间，我们总是尽可能少地去思考。苏格拉底这个人物之所以显得如此古怪，就是由于他思考得太多，他的那些对话者却有一个显著特征：尽可能地躲避任何形式的严肃思考。

既然某种形式的思考总是在继续，那么这里的区别便是一个质的问题。我们所做的大部分思考都不是哲学思考而是精明的算计。我们会经常面对这样的情况：我们必须决定，下一步该怎么走。我们认为，我们理解自己的选择，也知道如何去评价它们。我们有一个工作程序，只要把适当的数据敲打进去，就会出来一个答案，清楚地告诉我们操作步骤。当我们按照几乎成为习惯的程序去完成大部分例行工作时，许多这样的思考甚至没有进入我们的意识领域。

另一方面，当我们遇到一个问题，却又无法确定问题究竟出在哪里或者应该使用哪种方法，这时，哲学思维就开始活动。为了给希腊人的基本美德，即公正、虔诚、勇敢、节制和智慧下定义，苏格拉底做过多次努力，这就是哲学思考的例证。希腊语"arete"通常译作"美德"，这种译法会导致误解，"优点"或"成就"也许更能表达我们的思想。许多人往往遵循亚里士多德对历史上的苏格拉底所作的评价，④认为苏格拉底这个人物所关注的是某种狭义的道德，而这里的问题是探求人类"优点"的本质，它的各个方面及其模棱两可的含义。美诺在对话中提出了如何获得"arete"的问题，这类似于现在大学生的提问：如何在生活中取得成功？这个问题同样难以回答。我应该和谁结婚？我应该选择什么专业？我应该从事什么事业？如果要小孩的话，我应该有几个孩子？虽然这些问题都包含着"应该"，但是按照这个词现在的用法，以上问题似乎与伦理学无关。这是一些讨论生活质量的问题；如何使自己远离麻烦？站在古希腊人的立场上说，那就是：我如何才能使自己幸福？希腊人屡屡听到关于俄狄浦斯、阿伽门农（Agamemnon）、俄瑞斯忒斯（Orestes）、普利安（Priam）以及阿基里斯（Achilles）的故事，懂得从事正义事业，创造健康的、有意义的和令人满意的生活是多么得困难。⑤

《美诺篇》为我们很好地陈述了这个问题；在讨论解决问题的办法时，还提出一些寓意丰富的比喻。美诺是一个青年男子，具有那些能够使我们早日成材的自然禀赋。与《荷马史诗》中的英雄一样，他有非凡的体魄，而且能言善辩。与现在正上中学或大学的许多运动员一样，他惯于获胜。后来，他的生活范围扩大了，因为他离开偏远的故乡，先是到了大城市雅典，然后去了波斯，甚至更远的地方。在与苏格拉底交谈时，他不时地停下来，以确保他讲的话是正确的。但是和我们停止谈话时一样，他不愿钻得太深。他想确切地知道他所做的事情是对的，却真的不愿去审查他作出的所有选择。他喜欢计算，因此几何学的问题对他有吸引力，但是他不愿意思考。

当美诺问及我们如何才能获得人类的那些优点和成就时，

他认为可能的回答只有三种；他认为他能够做出其中的任何一种回答。那是一种天生的禀赋，还是一种可以传授的技巧，抑或某种训练的结果呢？在家乡与那些贵族游逛时，他觉得自己与他们一样，天生具有人类的最优秀特征。高尔吉亚教他修辞学，这是最高的学问，所以他讲起任何科目来都像一个专家。他所接受的训练使他具有健康的身体和心灵。他似乎克服了所有的缺点，但是苏格拉底完全排除了这些缺点。他指出，优秀的父母常常会有平庸的孩子，因此缺点不是先天的。有钱的父母可以送自己的孩子到各种各样的专业学校去接受训练，却常常培养出平庸之辈。缺点与教学无关，可是他们找不到任何优秀教师。一个优秀的教师必须知道人类的优点是什么，而且能够把这种知识传授给他人。苏格拉底和高尔吉亚都承认，他们做不到这一点。

讨论完上述三种选择以后，苏格拉底引入第四种选择：人类的优点真的出自神灵。美诺欣然同意。他没有追问神灵是否把潜在的美德平等地分配给所有的人，或者唯有他们的幸运儿才命中注定要体现这些美德。他以为自己就是命运的宠儿，因为他平步青云，受同辈尊敬，二十岁刚出头就当上了将军。不久，他将作为远征军(the Ten Thousand)的一个将领，离开雅典，率领这支雇佣军去侵略波斯，推翻他们的国王。如果是神灵分配人类的优点，他们一定会赋予他美德。但是命运多变，昨日的宠儿命途多舛。美诺亲率大军进入波斯，却被叛徒出卖，全军被俘。其他将军中计被杀，他虽幸免于难，却被作为教训以警示将来可能反叛波斯国王的那些人。美诺受到长期的不断的折磨，过了一年，他终于死了。对希腊观众来说，美诺的形象是人类的希望与失败的一幅鲜明图画。

美诺在对话中往往不愿思考，他总是请求苏格拉底把答案告诉他。这就是美诺所理解的教育。你之所以花钱，就是为了学到某些知识，于是你得到了老师传授给你的知识。然而，苏格拉底的教育观念规定，学生应当是积极的参与者，说到底他应当自己去寻找答案。科学的方法也是如此，按照这种方法，学生能够直接经验到某种东西。这种东西能够使她确信，它是真实存在的。在科学活动中，我们所参与的实验能够向我们证明事情的真实性。当然，这种"真实性"受到我们的观察能力以及我们所理解的我们正在观察的那种东西的制约。但这正是科学方法的力量之所在。它自己明确地意识到，它可能是错误的，也是可以被纠正的。任何一个实验的真理性仅仅在于，下次的实验还能重复这次的结果。和实验者一样，学生不应该承认任何外在专家的权威性，而应该相信自己的知觉和推论的权威性，亲自证明某个结论。由于这种内在的权威性也可能是错误的，也是可以纠正的，因此求知者往往要审查和检验她的思想和观念。正如我们需要别人来检验我们的实验结果，我们也需要别人来检验我们的思想。⑥

苏格拉底曾做过多次努力，希望美诺能审查自己的思想，因为任何科学家都这样教导她的学生，以便进一步检验一般的思想，特别是老师的思想。如果一个优秀的科学家所做过的实验包含错误，那么她会希望别人能够证明这种错误。无论在科学中还是在哲学中，坚持错误没有任何益处。苏格拉底参与这些对话，就是为了解释和批评自己的以及愿意与他谈话的那些人的思想。他努力思考，而且需要别人来帮助他克服我们共同具有的在思想上走捷径的倾向：抵御批评的倾向、偏见、仓促以及缺乏信心。他的许多谈话都是用来克服这些障碍的。为了达到这个目的，关于宗教与死亡的话题才进入他与美诺的谈话之中。

在这篇对话的前半部分，苏格拉底试图要求美诺为"arete"下定义。美诺对此毫无兴趣，可是他最后解释说，他认为人类的优点就是能够获得生活中的美德。苏格拉底进一步追问，他怎么知道哪些美德才是真正的美德，这时美诺被逼到不得不思考的地步，于是他变得不耐烦了。他侮辱苏格拉底，说他是心灵麻木的电鳐，然后又提到"学习悖论"，试图打断下一步的追问。一个人怎么能探究他不知道的东西呢？要么他已经认识了这个东西，无须再做研究；要么他不认识这个东西，即使发现了这个东西，也不可能认出它来（80d-e）。美诺的治疗方法——使自己的灵魂保持健康，以便参与思考，和苏格拉底的希望——使自己的同行参与研究，都面临一种危机。

苏格拉底的反应是，他讲了一个关于别人如何看待这个问题的故事。与任何一个优秀的治疗专家一样,他自己退出讨论,把话题转向他的对话者能够认同的一种经验。故事讲的是神秘宗派的智慧。"他们说人类的灵魂不会死亡;有时它会走到一个尽头,他们称之为死亡,有时它会复活,但是它绝不会毁灭,因此一个人必须尽可能虔诚地生活。"(81b)

苏格拉底本来可能成为这些神秘宗派的一个信徒和狂热者,参加奥菲士教派的纵酒狂欢,或者跟着他的猪跑到依洛西斯海边,⑦但是这些形象似乎与《斐多篇》的暗示不一致;在《斐多篇》中,他是一个无所不知却又独断专行的毕达哥拉斯主义大师。插入这个宗教故事,不是为了突出苏格拉底的思想,而是为了介绍一些不偏不倚的思想和形象;在这样一个领域中,人们可以摆脱现实世界的牵累而重新考察我们的思想,就像和小孩玩治病的游戏一样。

苏格拉底在这里讲的这个宗教故事与他在别的对话中所讲的这类故事不尽一致。⑧为了系统地阐述苏格拉底的思想以及人们所相信的以他为代表的柏拉图的思想,学者们真可谓绞尽脑汁。一种比较明确的解释(想一想奥康)是,这些故事讲的是教学法而不是他的自传。这些对话是经过改造的,以满足当时学生的具体要求。它们的目的不是提出最终的解释,而是为了提出一种方法。如果美诺将继续参与讨论,他就需要鼓励。这个故事说,一个女神掌管着人类失败者的灵魂,她惩罚而且净化这些灵魂,然后迫使它们复活,听起来有点像苏格拉底对待美诺的那种态度。从这些可怜的灵魂当中,会产生出一些具有非凡的智力和体力而且声名显赫的人物。命运发生逆转的关键,是在阴曹地府度过的那段时间以及灵魂得以净化的那种经历,因此一个人可以以清白的历史开始一种崭新的生活。

灵魂转世还包括了苏格拉底所谓的"回忆",即认识一个人前世生活的所有经历的一种途径。

> 既然整个自然界都相互类似,而且灵魂已经认识所有的事物,那么一个人只要回忆起一件事情——人们把这一过程称作学习——任何东西都无法阻止他亲自去发现所有的其他事情,假如他是勇敢者,而且不厌烦这种探求。因为总的来说,探求和学习都是回忆。因此我们决不能相信那个辩论者的说法(学习悖论),因为它会使我们变得懒惰,而懒汉懦夫却喜欢听。相反,我的论点会使他们振作精神,渴望探索。(81d-e)

哲学的目的是解释我们的经验而不是为它辩护。如果我正在考虑结婚,我可能会努力使自己相信,我的选择是正确的;像《会饮篇》中的阿里斯托芬一样,我会说在世界上的某个地方,有一个佳人在等待着我们每一个人,而且这是我唯一的爱人。只有在可能的证据和证明被排除,因而解释的可能性本身也被排除之后，这种人为的解释才能发挥作用。柏拉图正是在这种意义上使用"回忆"这个词的。我是如何知道我所有的观念都是来自我前生的可靠知识，而不仅仅是起源于这种知识的一种意见呢？关于回忆的那个故事让我充满希望，因为在我的观念中，有些观念是正确的，可是这个故事没有提供任何标记。这个故事的意义仅仅在于增强人们进行探究的信心。它所解释的与其说是我们获得知识的方式，毋宁说是我们能够发现知识的原因。苏格拉底最后说，"我相信这是正确的，我愿意和你一起探讨美德的本质"（81e）。注意：即使在讨论回忆时，他也不是"知道"而仅仅是"相信"那是正确的，解释的结果又回到进一步探索这个论点上。哲学以探索为生命，但是要理解这种生命，我们就必须进一步研究死亡。

在对话的较前部分，苏格拉底对美诺说，他应该在雅典多住些时间，而且应该参加依洛西斯秘密仪式（76e）。这种仪式比奥菲士教派的仪式简单，它不相信灵魂转世，也不举行狄俄尼索斯式的纵酒狂欢。它举行一种与死亡遭遇的仪式，而且保证灵魂在来世继续存在。通过这种体验，新入教的信徒就会意识到，他们必须珍惜自己的灵魂，因为在他们的肉体死亡以后，它将继续存在。没有任何仍在进行的仪式或实践。新教徒一旦获得死亡式的体验以及随之而来的那种意识，她的生命就被永远地改变了。

哲学所提供的死亡体验与这种入教仪式相似。对宗教神秘主义来说，重要的是肉体死亡以后，灵魂依然拥有持续不断的生命。对哲学神秘主义来说，重要的是当某种对人生具有关键的支撑作用的基本观念或观点死亡之后，心灵依然拥有持续不断的生命。依洛西斯秘密仪式的那些比喻能够增强我们的信心，换言之，如果做好充分的准备，我们就能在支撑生命的那种观念死亡之后继续存在。奥菲士派与毕达哥拉斯派的解释都向信徒保证，心灵通过一系列观念的再生而持续存在。

《斐多篇》中的那个死亡场面能够说明这种习俗。苏格拉底的临终谈话讲述并审查了与我们所相信的来世有关的一些故事（61e）。他讲的那些故事都是用来讨论观念的，唯一的例外是最后那个关于球形的地球的故事。在阴曹地府（"Hades"，在希腊语中的意思是"看不见的"）中的那个看不见的来世是一个有用的宗教比喻，它有利于我们讨论心灵中那个不可见的灵魂生活的世界。在这个地方，苏格拉底为这些不可见的居住者之一——灵魂不死的观念，提出几种有趣但没有说服力的论证。注意：他的这些论证是经过改造的，适合于他的听众；他把毕达哥拉斯的推理方法运用到这些基本上是毕达哥拉斯信徒的听众身上，让他们用自己的思维方式来考察某些问题，就像他与美诺讨论权力观念时一样。苏格拉底的讨论几乎总是带有某种个人因素，下一章我们将详细探讨这个问题。这些听众既不想怀疑自己的思想，又不愿伤害苏格拉底的思想，因为他的肉体即将死去；最后，他驱使他们不再点头赞同他所说的一切，而是开始批评他的论点。⑨当希米亚(Simmias)和西伯(Cebes)犹豫不决，不愿提出他们的批评时，苏格拉底用振奋人心的笑声来回报他们的隐隐忧伤。(这是他笑得最多的一篇对话。)死亡在这里是一种受欢迎的东西，而且他鼓励他们反驳。⑩当他们说出反对灵魂不死的理由时，听众被惊呆了。

> 后来，我们都说，听到他们所说的话，我们都很沮丧。我们都很相信前面的论证，可是它们好像又把我们搞糊涂了，因为它们迫使我们不仅怀疑我们已经说过的话，而且怀疑我们将要说出的话，以免我们成为毫无意义的批评家，或者我们的话题本身本来就没有任何确定性。(88c)

柏拉图对这个死亡场面作了大概的描述，他甚至让一些诬陷苏格拉底的人闯进来，对他结束那些论证深表遗憾。除非这些论证能够死而复活，转世投胎，否则，苏格拉底甚至建议为它们举行一个正式的追悼会。他还特别指出，居丧期间，灵魂易受伤害。"此刻，我所面临的危险是，不能用哲学的态度看待这件事情"(91a)。

当一个基本观念，一个我们已经使用而且开始信赖的观念受到批判继而消亡之后，我们可能不再相信逻各斯(logos)本身的可能性；"逻各斯"是一个复杂的单词，意思是"语言、言谈、推理（逻辑）、论证、解释、说明、比例以及合理的讨论"。⑪这个关键术语的这些互相关联的含义反映了希腊哲学的主要原则之一——理性与言谈不可分割，解释永远能够为自己做出一种说明，这与超自然、超理性的解释正好相反。

《斐多篇》谈到的逻各斯问题在于，我们在提出、检验并且相信一个观念（例如灵魂不死）之后，它却被证明是错误的。如果用原来的方法再度尝试，那么我们获得成功的机会是否更大呢？如果灵魂能够转世投胎，那么我们为什么还要担忧呢？正如苏格拉底在这里所论述的那样，丧失信心的表现形态有两种：厌恶理性（misology）或争论不休，消极被动或积极进取。厌恶理性被苏格拉底称其为人类最大的邪恶，它的意思是仇视逻各斯本身，认为根本没有合理的论证，生活中没有任何可靠的指南。争论不休（eristic，源于希腊语"eris"，意思是斗争）是"没有文化的人"对待逻各斯的态度（91a）。对他们来说，论证不过是一种竞争机会，是为了炫耀某人的能力（与美诺的观点相似），而不是为了评价人们所讨论的观念。他们相信巧妙地利用修辞学就能彻底改变我们对任何论题的看法，因此他们并不认为讨论能够提供通向真理的道路。

这些就是过一种理性生活所面临的危险，我们必须通过练习死亡并经历死亡状态而做好准备。我们必须更加敏锐地去体验我们思想的存在方式：让我们的思想接受批评，指出一种思想不可能解释它自以为能够说明的那些事实，承认这种思想的死亡以及我们的理解力所陷入的随之而来的困境，在取代它的思想出现以前度过灵魂的沉沉黑夜，最后发现一种新的思想。于是，我们的灵魂不仅获得一次更好的生存机遇，而且会变得更加有力。这听起来仿佛恋爱与失恋：兴奋、怀疑、迷惘、失望、振作、兴奋。从一种重要的意义上说，哲学是为了感觉失望而做准备。如果我们的世界坍塌了，如果我们的事业、爱人、朋友、父母的呵护等等都让我们感到失望，或者我们让他（她）们感到失望，那么我们必须做好思想准备，否则我们就会被压垮。

现代心理卫生学建议，要使我们的自我形象多样化，让它拥有多种支持；在一种能够获得支持的环境中，让它尽可能多地面对各种积极的和消极的经验，以使它变得坚强有力；与各种各样的人进行有意义的交谈，以便阐明它的本质。苏格拉底所讲究的灵魂卫生与此相似。他的灵魂不依赖任何教条式的信念。这不会妨碍他怀有坚定的信念，他在《美诺篇》中就是这样表述的：

> 我并不认为我的论点在所有其他方面都是正确的，但是我要尽最大努力，不惜一切代价用语言和行动来强调，如果我们认为一个人必须去探索他不知道的那些事物，而不是认为我们不可能发现我们不知道的那些事物，因此没有必要进行探索，那么我们就会变得更优秀、更勇敢、更勤奋。（86b-c）

他坚持探索，却不坚持探索得出的任何结论，因为它们总有可能是错误的。他的自我形象是这种不断的探索的组成部分。正如他在《斐德罗篇》中所说，他遵循特尔斐阿波罗神谕（the Delphic oracle）的告诫——"认识你自己"，清楚地意识到他还没有做到这一点。他不知道自己有一个简单的或者复杂的本质；他没有局限于任何一种形象。他有过各种各样的新体验，例如参加朋迪斯节，在城墙外面散步，或者在烧香沐浴之后，精心打扮一番，然后去参加一个社会名流的晚宴。他把所有这些活动都变成一种自觉的以对话为中介的体验。如那些对话者所示，他与许多人交流思想和批评意见。苏格拉底的灵魂卫生学不仅与心理疗法相似，而且与科学方法类似。也许这三种方法正是有益的思考。通过增加一项实验得以成立的条件种类，在尽可能多的社会群体中进行实验，进而说明某人究竟观察到了什么，这些观察结果意味着什么，这样他才能努力减少由偏见和习惯所造成的那种扭曲。

我将考察柏拉图的一篇更令人难以容忍的关于阴曹地府的故事，以此来结束关于灵魂死亡的讨论。在《斐德罗篇》中，长着翅膀但没有肉体的灵魂与诸神一道在天国翱翔。故事的开头又是一个令人不安的关于灵魂不死的"证明"。许多评论家认为，这个故事再次反映了柏拉图的宗教信仰。"一种柏拉图认为无可争议的论证已经证明，灵魂是不死的"，"他为人格不死的信念进行辩护，无论他的理论根据是什么，毋庸置疑的是，他确实相信这种理论"。⑫ 可是第一个评论家认为，柏拉图的论证没有力量。"如果剥掉理念论的术语，这就等于说生命的观念与灵魂的观念密不可分。实际上它得出的结论（正如苏格拉底所主张的那样）不是灵魂不死而是这样一种同义反复：只要灵魂存在，它就具有生命"。⑬ 这种解释主张，柏拉图肯定相信灵魂不死，因为他给这种观点提出过证明。可是这些证明实际上没有说服力，人们还必须为柏拉图思想的缺陷寻找某种借口。哈克福斯（Hackforth）的解释是，柏拉图的这种努力至少比他以前在《斐多篇》中提出的形而上学证明更符合经验，因而为亚里士多德后来用以证明上帝存在的"第一推动者"铺平了道路。⑭

在这篇对话中，提出这种证明是很有意义的。苏格拉底的"论证"是，因为灵魂总是在运动，所以它不会死亡。这个论证恰好引起喜爱运动却有些懒惰的斐德罗的关注，他同意这个论点。他希望变得积极主动，却每每发现自己是被别人推着走：利西亚（Lysias）的那番话，艾里克西马库（Eryximachus）要求他锻炼身体的命令，他收到的那些诱惑他的信件，苏格拉底对他提出的不要光走路不说话的建议。在斐德罗看来，自我推动原则是没有说服力的；他必须增强自己的灵魂。苏格拉底说，"真希望我们能够证明，自己推动自己的那个东西与灵魂是同一个东西"（246a），这就意味着苏格拉底与他的"论证"保持着一定的距离；与此相同，斐德罗与他的主张——他将要描述的那种灵魂生活肯定是正确的——也保持着一定的距离。他说,唯有神灵才能提供充分的描述,于是苏格拉底只好用一个比喻,一个把真理与虚构故意混合在一起的东西来收场。

苏格拉底继续解释这个关于灵魂的比喻。他说,灵魂好比一个复合物,由一驾双轮战车驾驭者和两匹长着翅膀的马组成,其中一匹是骏马;另一匹是驽马。这些没有肉体的马拉着战车驾御者在天国奔驰,和他(它)们一样的一些灵魂与他(它)们一道巡游,他(它)们的首领是奥林匹斯山十二神之一。只有女神赫斯提(Hestia)除外,作为一个喜欢守在家里的神,她当然不会外出。饿了的时候,神灵便飞到天国的最高处,暂时从另一端出去,吸收那里存在着的形而上学原理的滋养。不要忘了形而上学的意思是在自然之外,它要考察的问题是:为什么某物存在而不是无物存在呢?人们不可能根据自然界的事物来解答这个问题。这些神灵用传统的甘露和美味佳肴来喂马,自己却以存在物的理性原则为滋养。真是一些前所未闻的神灵!这些神灵表明,哲学不仅与死者的那个不可见世界有关,而且是神灵的一种神圣的消遣。

拉车的马分散了那些非神圣的灵魂的注意力,这些灵魂努力地观察"那些存在着的事物",那些位于天国之上的存在物。最像神灵的那些灵魂看见的存在物最多,有些灵魂只看到不多的一些存在物,大部分灵魂由于注意力不集中而没有看到任何存在物。等到转世投胎以后,最像神灵的那些灵魂将不会受到任何伤害，因为它们所看到的真理会保护它们。仅仅看到部分真理的那些灵魂将根据它们所看到的真理的多少而转世投胎。哪些灵魂看到的真理最多，哪些灵魂就变成智慧、美或音乐的爱好者；哪些灵魂看到的真理最少，哪些灵魂就变成暴君。在他们的生命结束时，所有的人都要接受审判，或者被惩罚，或者被奖赏，然后再次转世投胎。在这个故事中，一个人要用1000年的时间，或者就我们的实际情况而言，要用他的现世生命来攀登人生的阶梯。这段阶梯包括九个自我知识逐步完善的层次，第一是暴君所认识的那个"假我"（pseudo-self），他们陷入了那千变万化的欲望之海（如：美诺、色拉叙马霍斯、凯里克利）；第二是智者，他们被或然的东西搞得心力交瘁，竟然放弃了对实在者的探求；第三是工匠，他们与那些幼稚而自大的人（聪明的傻瓜）一样，认为由于他们认识了很少一些东西，于是就觉得无所不知；第四是诗人，他们的创造性作品与实在物相似，他们却没有任何办法把自己的作品与幻想区别开；第五是宗教神秘主义者，他们发现，这个世界要比我们现在所掌握的知识更加丰富；第六是体育教练或医生，他们懂得营养和关怀的必要性；第七是管理城邦事务的人，他们也思考人生的意义（逻各斯）；第八是那更有智慧的城邦统治者，他们能够阐明而且捍卫城邦的法律；第九是智慧或美的爱好者，或者缪斯女神的崇拜者，也许像《理想国》中柏拉图的那两个兄弟。处于最高层次的那些人直接与观念本身打交道，而不是通过某些体系来讨论观念,例如通过法律体系来界定正义,也不是通过某些类比来讨论观念,例如把关心灵魂比作关心肉体。或许这九个步骤也能构成另外一种体系,例如一个人从孩提时代到长大成人的那些阶段,但是在这个地方,它们都是人生的选择,这些选择取决于我们理解我们与社会环境和自然环境的方式。随着任何一种理解方式的消逝,我们会朝着另外一种更高级或更低级的理解方式转化(灵魂转世)。

灵魂转世不是为了表达对神灵的敬畏,而是为了表达对我们自己的敬畏;把柏拉图解释为宗教信徒的那些人却希望我们相信,这正是出于对神灵的惧怕。我们把自己囚禁在一种生活方式或信仰之中,因为我们担心要么我们无法改变自己,要么即使能够改变,我们也不会变得更好。我们不愿意冒险,从哲学上说,这就意味着我们不愿意把自己的思想摆出来,让人们批评。我们躲躲闪闪,装聋作哑,做一些似是而非的辩解,说起话来像一个修辞学家。此前我们讲过《斐多篇》中的一个故事,说的是一个裁缝一辈子穿破了好几件大衣。同样的道理,灵魂转世就是要我们懂得,我们的思想也会出现漏洞,也会变得不再适用,不再有效,所以必须进行改造或替换(87b-88b)。《斐德罗篇》中的那个故事还没有讲完,它还提到第二次转世。与上面讲到的第一个故事不同,这次转世不是受命于神灵,而是灵魂做出的一种选择,很像《理想国》中关于厄洛斯的那个故事(Myth of Er)。一生过去了,它要么令人不满,要么无法使人理解它究竟是如何取得成功的。如果我们所知道的仅仅是失败或运气，我们又该如何选择来世的生活呢？哲学，即参加到一个从事批判性研究的团体之中，就是人们在生死关头做出的回答。掌握了哲学家征服死亡的方式之后，我们准备考察他探索生命的道路。

生　命

我们已经看到思想也能死亡，这样我们就可以较为容易地考察它们的生活方式。我们将考察思想的生命，与此同时，我们将更多地认识柏拉图所理解的哲学以及人们进行哲学研究的方式。在他的对话中，思想不仅具有生命，就是说，它们被描述为与有机体类似的能够发出动作的东西，而且它们还能复活，就是说，它们能够具有肉体。我们至少可以在一定意义上说，苏格拉底这个人物就是已经复活的哲学思想，他的行为也说明了思想生命的某些方面。正如一个运动员的身体必须经过比赛才能证明其价值，苏格拉底的思想也是如此。思想总是处于戒备状态，有待于检验、丰富，或者被推翻。例如在《会饮篇》中，思想的行为方式与对话者通常的行为方式是一样的，在这个地方，他们的行为由于饮酒过量而与平时稍有不同；他们经常喝得烂醉如泥，或使妇女怀孕，或心怀仇恨，或勾引妇女，或穿着奇装异服，等等。吹笛子的妓女刚被打发走，发表演说的娼妇又闪亮登场，竞相勾引听众的心灵。思想不是我们心中被动的物品，仿佛保险柜里的文件。它们也有获得保养、维持功效的要求，也能提供指引方向、保障安全的便利。作为生命体，它们相互作用，而且生机勃勃。新的经验、旧的传统以及经验世界之间的关系总是在不断地调整变化。

在上一节，我们已经看到，柏拉图是如何运用具有暗示性的宗教词汇和意象来讨论思想和心灵的周期性死亡与复活这种哲学经验的。这些意象发挥了思想和灵魂在来世具有肉体这样的存在方式的观点。同样，当苏格拉底继续讨论现世的思想和心灵的生活时，也借用了我们比较熟悉的用来描述肉体活动的那些语言。像《理想国》《高尔吉亚篇》以及《会饮篇》中的语词大餐那样，思想能够提供营养。它们要求检验，以展示其价值，仿佛体育比赛或《申辩篇》所描述的那次审判，或《理想国》中的那次赛马，或《普罗泰格拉篇》中的那次智力竞赛。它们带着强有力的情感进入我们的生活，例如在《会饮篇》中，我们惊奇地凝视着那绝对的美；在《斐德罗篇》中，当我们就要看到这种美的化身时，我们的心在焦虑地颤抖。在《欧若德摩篇》中，它们顽强拼搏；在艾格森的《会饮篇》中，它们醉倒了诸位来客；如果谈话深入对方的心田，它们就与客人发生性关系，例如《泰阿泰德篇》[15]中助产士的比喻以及《会饮篇》中艾格森（Agathon）勾引苏格拉底思想的行为（175c）。

思想是我们生活中的一种普遍力量，能够指引我们取得成功或走向失败，例如美诺关于权力的思想及其带来的益处，色拉叙马霍斯与凯里克利关于优势的思想，苏格拉底在《理想国》的几个比喻中所讨论的善的思想。必须监督这种基本的指导力量，维护其健康发展。这就使我们接触到那些讨论思想生命的最具有普遍意义的比喻之一，即作为灵魂医生的苏格拉底及其对思想健康的关注。苏格拉底对阿波罗，即医药之神的忠诚，突出了这种特殊的作用。在苏格拉底一生的几个关键时期，阿波罗曾发挥过重要作用。阿波罗在特尔斐神殿赐予他的那个口谕赋予他一种毕生的使命：解开"没有人比苏格拉底更聪明"这个谜语。第俄提玛（Diotima）传授给苏格拉底关于爱情的所有知识。他似乎是一个阿波罗式的人物，具有关于神的知识，而且关心人们的疾患，因为他曾推迟了发生在雅典的一场瘟疫。[16]最后，当苏格拉底被宣判有罪以后，阿波罗又延长他的生命达数周之久。

阿波罗赋予苏格拉底的医疗使命是，让其他人相信思想在我们的生活中的确发挥着重要作用，思想的健康和营养具有重要意义。"与你听从医生的劝告一样，你要勇敢地服从理性的教导"，苏格拉底在《高尔吉亚篇》（475d）中这样告诫普罗斯（Polus）。在《理想国》中，当城邦的思想染上疾病，因格劳康（Glaucon）一味地追求奢侈的生活方式而高烧不退时，这种疾病就需要通过排泄那些过多的部分而加以治疗（399e）。

斐德罗在其对话中开始按照一个新的计划锻炼身体,因为他认识到自己已经老了,必须注意锻炼的方式,但是他依然愿意不假思索地接受任何思想。在《理想国》中,苏格拉底称思想为麻醉剂,而且是一个精心编造的有根有据的谎言,一个听众无法识破的谎言(382a-d)。在《斐多篇》中,思想是一种不可思议的具有保护作用的魅力,苏格拉底就是这样称呼毕达格拉斯学派所讲述的那些神话的,他认为这些神话可以作为灵魂不死的证明(77e-78a)。在《普罗泰格拉篇》中,苏格拉底的青年朋友希波克拉底(Hippocrates)小心翼翼地遮掩他正在吃的东西,却毫不介意进入他心灵的那些思想的营养价值。他认为他可以获得诡辩术的滋养而无须成为一个智者(313a-314c)。

这个心灵医生不仅关心别人的思想健康,而且常常以自己的心灵健康状态为例证。理解柏拉图所阐述的心灵生活的一个好办法就是观察苏格拉底在对话中的那些活动。从某种意义上说,苏格拉底这个人物的生活就是心灵的生活。为了更好地理解这一点,我们必须重新考察历史上的苏格拉底与戏剧中的苏格拉底的区别。

历史上的苏格拉底没有写过任何东西,是一个比柏拉图还要神秘难解的人物,柏拉图虽然写过不少东西,但是其写作风格迂回曲折,晦涩难懂。关于这个苏格拉底,三个认识他的人为我们做了三种描述,每个人的写作动机不同,所做的描绘也不同。喜剧作家阿里斯托芬在公元前423年写过一出名为

《云》的滑稽戏，无情地讽刺了当时的智者和自然哲学家。按照他的理解，苏格拉底相信云彩都是神灵；苏格拉底还办了一个以盈利为目的、教学质量低劣的学校，专门教授骗人的修辞学和欺诈的科学理论，例如关于跳蚤肠胃气胀的科目。色诺芬（Xenophon）在其《长征记》（*Memorabilia*）、《申辩篇》（*Apology*）以及《会饮篇》（*Symposium*）中，描绘了一幅相反的图画，这里的苏格拉底普普通通，品行端正，通情达理，待人友善，绝不可能威胁任何人，更不会威胁整个城邦。

真实的苏格拉底也许存在于江湖骗子与一神论牧师这样两幅漫画之间。柏拉图所做的第三种描述占据着一个非常中庸的位置。他让人们厌烦，却不停地指责他们。这个人物究竟在多大程度上符合历史，现在的评论家们还在激烈地争论这个问题。最通行的一种方法是弄清柏拉图首先写了哪些对话，然后就说这些早期作品真实地描述了苏格拉底的生平；这种方法假定，柏拉图在这里主要是讲述他老师的思想和方法。这种方法还假定，柏拉图的思想逐步成熟之后，就疏远了苏格拉底的思想，因此苏格拉底这个人物与历史上的苏格拉底不同，要么他是柏拉图的直接代言人，要么他代表了柏拉图所理解的哲学观念的演变。

这种方法同样是根据尚未证明的假定进行推论，由于缺乏关于苏格拉底或柏拉图的准确可靠的学术传记，我们经常是不得不采取这样一种方法。我们不知道这些对话的写作顺序，也不知道柏拉图思想走向成熟究竟需要多长时间。⑰有些对话提到一些历史事件,因此它们的写作时间一定晚于这些历史事件,可是究竟晚了多少年,不得而知。通常的做法是,要么假定柏拉图的思想有一种发展模式,然后再安排那些对话来证明这种模式;或者反过来,人们为那些对话假定一种次序,然后再设计柏拉图思想的一种发展模式,以适应这种次序。这两种方式都充分注意到柏拉图作品中的一些有趣的细节以及对话之间的联系。但是哪一种方式都没有说服力。⑱苏格拉底这个人物就其灵感而言具有历史真实性,就其作用而言又具有柏拉图哲学的色彩,所以不能按照年代顺序把这些特征分开,也不能根据任何一个特征来单独界定。关于这个人物所起的作用,柏拉图的思想也许前后一致地贯穿在所有的对话中,尽管这些对话显然摇摆于戏剧的强烈性与复杂性之间,令人困惑的结尾明显地转变为辩证的结尾,苏格拉底本人有时保持相对的沉默,有时甚至不出场。

我赞成人物具有前后一致性这样的论点。苏格拉底这个人物至少在一定程度上代表了已经复活而且开始发挥作用的哲学思想。与荷马史诗中的英雄阿基里斯和奥德修斯一样,他不仅仅是一个普普通通的人。他揭示了做人的一个方面,于是我们清楚地认识到这个方面在我们生活中所起的关键作用,同时我们也看到,让这个方面发挥作用是多么得困难,人们是否喜欢它都值得怀疑。我们多数人都不可能喜欢一个杀气腾腾的荷马式英雄做我们的邻居，同样的道理，当我们每天必须面对苏格拉底时，我们可能会三思而行。苏格拉底是所有时代的真正的哲学。他要求我们牢记自己的哲学本质，可是他实践这一本质的那种执着而超然不群的方式的确使我们望尘莫及。人们说他"冷漠无情"，因为他置身于人类的日常事务与情感之外，却专注于生活中值得研究的那些最为关键的问题。[19]

柏拉图选择这样一个苏格拉底不是为了代表自己，而是为了代表哲学。他一心一意而专心致志地追求智慧。无论是参加艾格森或塞斐勒（Cephalus）的美味盛宴，还是观看查米狄（Charmides）或阿克巴德（Alcibiades）那性感的裸体，或是在出征归来与家人团聚时（《查米狄篇》153a），或是在通宵达旦的聚会畅饮之后，苏格拉底似乎能够心如止水，专心致力于哲学研究。他的神圣品性生动地说明,通过哲学这种人类活动，我们能够在最大限度内接近神灵。笛卡尔在《形而上学沉思》中创造生活的理性秩序时模仿了《圣经》的六天创世说,《会饮篇》中的那些对话反映了七个对话者所提出的七种相互冲突的世界秩序，与此相同，在赋予我们的生活以秩序和意义的努力中，我们成为世界的创造者。[20]因为我们能够创造，所以我们必须和我们所创造的结果一起生活，必须批判我们的思想成果。苏格拉底能够以超乎寻常的毅力从事这种创造——批判工作。例如有一次，他随军出征，在某地宿营时，为了思考一个问题的答案及其相关的结果，他在同一个地方站了一整天；在艾格森家举行的那次晚会上，这种情况也程度不同地出现在苏格拉底等待宴会开始以及晚会结束后他与主人话别的时候(《会饮篇》22c-d；174d-175c)。

柏拉图通过苏格拉底而表述出来的哲学，是人类的一种不可或缺的永恒努力（eros）。思想的产物从来不会完美无缺，也从来不会停滞不前，这就是苏格拉底之所以花费如此多时间来提醒人们说他们还有很多事情要做的原因。柏拉图对话中的人物会告诫所有那些自认为已经取得某些进步或实际上已经获得某种智慧的人说，与任何一次科学实验一样，出错的可能性很大，此时此刻还有效的任何一次实验都可能被证明是错误的。科学"真理"的有效性，只能保持到下一次实验之前；我们生活中的那些主导思想的有效性只能保持到我们能够再次为它们提出说明和辩护。[21]苏格拉底时刻准备重新开始，从来不自以为是，愿意每天审查自己的思想和行为。

以雅典悲剧节为生活背景的苏格拉底带有浓厚的悲剧英雄的色彩。即使俄狄浦斯的生活被彻底改变，他仍然拒绝使自己那颗勇于探索的心灵屈服于神灵的意志。虽然苏格拉底是阿克巴德那样的悲剧人物和克里狄亚那样的古怪人物的同路人，但是他似乎没有经历过他们那样的肉体悲剧，却面临着一场势不可挡的心灵悲剧。如大卫·鲁尼克（David Roochnik）所言，世上还有逻各斯的悲剧，还有理性本身的悲剧，"因为逻各斯无法获得一种道德教育手段（技艺、技术、技巧），即一个由可靠知识组成的稳定体系，这个体系能够以固定不变而又易于传授的术语告诉我们，应当如何生活"。[22]柏拉图知道，幸福安宁是普通百姓最基本的愿望，如果这种希望屡屡成为泡影，他们至少在某些时候会觉得无能为力。作为比雅典市民的理想人格还要伟大的一个人，苏格拉底能够直接地不断地面对悲剧，而且不会被它压倒。正是为了分享这种力量，柏拉图才为我们塑造了这样一个人物，他的另外一个目的也许是提醒我们注意自己的有限性。

对许多人来说，我们都是在《申辩篇》中第一次接触到苏格拉底，由于历史的和戏剧的原因，他必须为自己的生活方式辩护。历史上的苏格拉底的确在大庭广众面前接受审判，被判有罪，最终被判处死刑。对苏格拉底生命的审判为柏拉图描述他导师在死亡面前的所作所为提供了独一无二的机会，也为他区别哲学与修辞学创造了条件。柏拉图究竟在多大程度上偏离了苏格拉底为自己辩护时说过的那些话，则是一个聚讼纷纭的问题。总的来说，认为这篇对话写作于审判之后的几个月或几年的那些人主张，《申辩篇》肯定接近苏格拉底的原话。认为这篇对话写作于较晚时间的那些人则承认，柏拉图发挥了较大的创造性。与许多关于柏拉图传记的争论一样，就我们现有的资料来看，这场争论是无法解决的。

根据这篇对话，我们所能掌握的是这样一幅引人注目的肖像画：这个人曾做过一件被称为哲学的怪事，而且这件事情的奇怪特征既没有被抹杀，也没有被掩盖。这里并没有美化苏格拉底。他被一种来自内部的声音所控制，这个声音告诉他不应该做什么。他整天与自己的同胞们谈话，询问他们思想上的问题。他宣称，侵犯他人隐私的这种行为是他的神圣使命。他有自己的家庭，却很少与他们团聚，只是在适当的时候顺便提一下。根据他所承担的探索智慧的独特义务，他曾经暗示，他比其他任何人都要优秀，他痛斥这些人，因为他们更关心物质利益，而不是灵魂的健康。初次结识苏格拉底，我们就会发觉，我们愿意加入那个嘀嘀咕咕埋怨不休的陪审团，以便反对苏格拉底。

苏格拉底的顽固不化很快就变成了对我们自己的顽固不化的一种反思。苏格拉底区别了陪审团成员根据他们的经历而形成的无意识的顽固意见或陈腐观念，与他们今天以法官的身份而应当做出的完全有意识的判决；哲学是随着这一区分而进入对话的。苏格拉底的思想与哲学已经在陪审团成员的脑海中存在了许多年。他们嘲笑阿里斯托芬戏剧中那个叫作苏格拉底的江湖骗子，激烈地争论那些行踪不定的修辞学教师（智者）的价值，他们为城邦的青年指出一些能够使他们在政治上飞黄腾达的捷径，在激发起他们的美好希望，窃取了他们的钱财之后，便匆匆离去（《美诺篇》91b-92d）。在老百姓看来，智者、哲学家、异想天开的人统统是一路货色。但是就在这天，轮到民众来做陪审团成员。利用这个机会，他们可以在发现真理的道路上获得某些帮助，哲学也可以申明提供这种帮助的理由。

　　社会舆论很敏感，在人们发挥更多的批判能力之前，必须要求社会舆论证明其价值。如前所述，我们喜欢算计而不喜欢思考。我们宁愿接受习以为常的思想，而不愿检验这些思想，并且提出新的思想。在接受审判时，苏格拉底阐述了检验我们的思想和我们自身的必要性，审判本身则清楚地展示了这一过程。接受审判是一个哲学家的梦想，因为整个城邦必然要求他说明自己的思想并且批判这些思想，民众会用一整天的时间来审查思想以及具有这些思想的人，市民们会聚在一起讨论城邦的利益究竟是什么。法庭为哲学准备了这样一个机会，这正是柏拉图希望通过苏格拉底而实现的目的，换言之，他要利用这个机会与其同胞开展哲学研究。

　　这里所展示的思想和心灵的生命是什么呢？讨论柏拉图对话的这篇导论强调，我们总是置身于我们的观念之中。我们不可能把我们心灵中的所有思想都清除干净，然后再开始思考；除非我们参照以前的思想，弄清我们的判断对象是什么，应该如何进行判断，否则我们不可能做出准确的判断。因此，历史上形成的对苏格拉底的那些指控，反映了我们以及陪审团成员在询问过程中所表现出来的局限性：某些思想没有局限性，无须审查；从修辞学的角度看，我的思想和论证完美无瑕，我想别人也是如此；修辞学固然感染了我们社会的某些领域，但是这些领域易于识别与防范。我们知道，商业广告、律师、政治家、智者都可能撒谎,但是我们认为,教师、课本、朋友不应该撒谎。我们的生活过于忙碌,没有时间展开全面的调查,因此我们既没有去审查那些非常危险、非常痛苦而且变更起来旷日持久的基本观念,又没有去检验那些用来证明此类观念的推理方法。

是什么促使苏格拉底选择了这条危机四伏的自我审查道路,一条大多数人都不愿走的道路的呢?阿波罗的神谕告诉他,没有人比他更聪明。多数人认为,人类能够按照自己的经验认识世界,谁也不会在这个方面高人一等。这是常识的另外一种主张,苏格拉底就是要探讨这个问题。这篇对话(24a)中的美利图(Meletus)以及《美诺篇》中的安尼图(Anytus)都说过这样的话:所有雅典市民都有能力教导青年,使他们的行为举止合乎礼节(92e)。苏格拉底把这种老生常谈转变为一种审查活动,他要考察我们所宣称的那些尽人皆知的东西究竟是什么。除了工匠掌握的那些手艺,这种知识的大部分其实都是意见。有些事情是众所周知的,这种提法实际上是说,我们都以为我们具有知识;"谁也不会比别人更聪明"这种提法不是说人皆拥有同样的知识,而是说人们都是同样地无知。如果我们拥有别人的知识,那么众人皆知的这种东西就会使研究工作变得无效和多余。研究工作有助于我们提出有根有据的意见,如果这些意见是正确的,它们同样能够有效地指导我们的生活(《美诺篇》97a-99c);在我们认识到这一点以前,人所共有的那种无知似乎会产生同样的结果。常识希望获得但无法获得稳定而可靠的知识。只有当它的努力失败之后,它才会很不情愿地求助于哲学,求助于创造可靠意见的那种工作以及坚持这些意见所必需的经常性批评。

神谕说,"谁也不会比别人更聪明",这个论断的含糊不清包含着经常发生在苏格拉底身上的那种思想转变。很多古代故事讲的都是神谕通过其模糊不清的含义而考验人。克利萨斯(Croesus)国王得知,如果他的军队越过与邻国的界河,一个伟大的王国就会衰亡。由于贪得无厌,他认为这个王国就是其邻国,木已成舟之后,他才认识到,那是指他的国家。这里,苏格拉底想知道那个神谕的意思是不是说,他比其他任何人都聪明,他是世界上最聪明的人。这是他最先提出又最先加以证明的一种解释,他认为只有他知道,他并没有知识。可是他放弃了这一独特优势,开始帮助别人,以便使他们认识到,他们的知识实际上是多么贫乏。他把比较级——"比别人聪明"(wiser)推向最高级——"最聪明的人"(wisest),以便返回到那个可以共享的原级——"聪明"(wise),这是一种更深刻的理解。思想的世界实行一种了不起的民主制度。"谁也不会比别人更聪明"这种提法,并没有把最聪明的人与我们隔开,而是把我们所有的人都团结在共同的智慧与探索之中。我们知道我们没有知识,因此我们必须共同探索,去发现我们所能认识的东西。

哲学必然具有民主精神，这是柏拉图思想的核心。民主制度之所以重视自由，主要是因为它强调满足个人愿望；正是由于这种制度，批评才不受约束，才会真实可靠。《理想国》中的对话发生在雅典市郊的比雷埃夫斯港，这绝非偶然，因为这里是民主制度的大本营。《理想国》第八卷描述了理想的政治体制及其衰落以后的形态，我们发现，只有在民主政体中，思想活动才得以出现。其他政体各有自己的优点，研究工作却不占有任何重要位置。哲学家们所提倡的理想的贵族统治被美化到如此程度，以至于算计取代了探究。既有教育体制和择业标准，又有优生优育措施。如果在最后这个领域的算计中出现了人为的错误，换言之，如果控制生育的婚姻数量发生错误，那么整个社会体系就要崩溃。理性能够为我们的生活找到一个稳定的基础，我们这种不可抗拒的探究渗透着悲剧精神（如以上所引鲁尼克的论述）的希望又一次破灭了。积极准备度过这场劫难，似乎是柏拉图建造这样一座基础牢固的宏伟大厦的原因之一。这座"理想"大厦的崩溃好像没有使苏格拉底过于沮丧。"这样建造起来的一座城市是很难被改变的。但是，既然出现在世界上的一切事物都会衰败，那么这样的城市也不可能永远存在于所有的时代；它终究会解体"。（546a）

一旦最好的东西不能再生，它将从城邦消失，不再作为所有事物的尺度。众所周知的最好的东西消失之后，无论在城邦抑或在人们的心灵中，取而代之的将是那种文化所认可的最有价值的东西——荣誉。荣誉政治或德高望重的人的统治就会接踵而至。由于文化的连贯性以及荣誉观念遭到歪曲，一种更具体的善的观念应运而生，这种善就是财富。寡头政治，即极少数占有财富的人的统治，成为社会的统治力量。然后，不占有财富的许多人声称，他们的欲望也很重要，他们要为民众，即平民，掌握权力。他们的权力是通过他们的自由，特别是通过限制人们的行动和欲望来界定的，这就是这种权力之所以允许人们进行思考的原因。与现在的民主体制相同，民众相互竞争，产生出最大的欲望以及满足这些欲望的方法。如果一个人超过了其他所有的人，使他们成为满足他的更大欲望的帮手，那么他的欲望就变成了社会的法规与准则。他就成为一个僭主。僭主统治别人，反过来，他的欲望统治着他。在《高尔吉亚篇》中，苏格拉底作了这样的描述：满足一个人所有欲望的努力纯属徒劳无益，仿佛不停地往一个有漏洞的罐子里注水（493b）。为了防止我们仍然迷恋这种生活，苏格拉底还把它比作"鹬鹩的生活"，意思是一边进食，一边排泄（494b）。诸如此类的四种政治体制和心灵状态皆取决于外在的价值尺度：专家身上最优秀的东西、特定文化所倡导的荣誉观念、极少数人所拥有的财富、最有权力的那个人的欲望。唯有在民主体制中，价值观念才成为人人皆可企及的东西。唯有在这个地方，才会出现研究活动。

在柏拉图著作中，寻找哲学所必需的民主与柏拉图所享有的反对民主制度的贵族声望形成鲜明对照。第二次世界大战以后,柏拉图背上了与尼采一样的骂名,因为他曾促使希特勒形成其极权思想;[23] 如果哲学家们不是民主主义者,那么他们只能当国王,这已经成为现在教科书中的老生常谈。[24] 这种观点反映了字面解释的传统,我们知道,这个传统把对话中苏格拉底的陈述解释为最终结论,解释为柏拉图对真理的专横武断。这种假想的柏拉图独断论鼓励解释者们在柏拉图思想中寻找等级制,这就使他看上去更像一个独裁主义者,因而更倾向于等级制,等等。

认识到柏拉图对话中所包含的民主因素,将有助于我们突破这种封闭而互补的循环解释。这些因素所证明的一种哲学解释是,苏格拉底的阐述是某一过程的组成部分,不能被孤立地理解。所有的对话都包含类似的过程,但是由于背景不同,参与者各异,所以其表现方式也不尽相同。哲学的目的是批评我们的思想,而这个过程似乎需要很长一段调整和适应期,以克服苏格拉底的对话者所表现出来的那种不情愿的心理。苏格拉底的目的是审查自己的生活和思想。在吉尔伯特·赖尔(Gilbert Ryle)所著《柏拉图的进步》一书中有一个关于柏拉图的故事,在这个故事中,他安排了那次山丘辩论赛;许多关于他的故事都引导我们把他看作一个具有竞争意识但缺乏合作精神的人。[25] 然而,苏格拉底曾屡次告诫其对话者,希望他们能够与他一道进行研究。他们必须互相揭露对方自觉地或不自觉地提出的一些辩护和诡辩。最优秀的人提出的批评当然是最中肯的批评，有这样的批评或许足够了，但是到现在为止，柏拉图已经屡屡使我们陷入这种窘境。我们不知道谁是最优秀的人。谁也不能充分地前后一致地证明，自己就是"最优秀的"人。因此，人们提出的任何一种贵族政治（最优秀的人的统治），甚至包括哲学家们提出的那种贵族政治，都不能充分地证明自己或者为自己辩护。哲学需要的是以多元主义和民主主义为基础的批评，而不是僵死的教条。[26]

苏格拉底与他遇到的每一个人平等地交谈，但不是每一个人都愿意与他谈话。大多数人过分忙碌于赚钱过日子，即便有时间，他们也难得花费很多时间与他交谈或者与其他任何人交谈。大部分人通常不愿思考，所有的人有时也不愿思考。我们都不愿意中断自己手头的工作。正如那个金属的故事所言，苏格拉底与所有的人交谈，帮助他们认识自己那弥足珍贵的自律本质。在《理想国》中，苏格拉底建议，他们正在建设的那个城邦可以编造一个故事，一个高尚而有用的谎言（382c-e）以治理政务。故事说，每个人都包含不同的金属，这种金属能够说明某个人的基本属性。统治者们是由金子做的；辅助者们是由银子做的；农民和工匠则是由铁和青铜制作的（415a-d）。这个故事似乎是要说明，贵族政治是自然而然的，有些人生来就是要统治别人，有些人生来就是要被别人所统治，可是这个故事会不攻自破。不是金属能够说明某人所属的阶层，而是我们必须仔细审查这个人，以便确定出现在他身上的究竟是哪种金属。尊贵的父母应该生下有出息的孩子们，可惜事情并非总是如此。

由于提倡社会阶层与灵魂平行并列，所以这个故事对社会阶层的分析同样无法成立。这些金属不仅能够区分不同阶层的人，而且能够区分灵魂的不同部分。因此每个灵魂都包含这些金属的所有种类。我们都拥有黄金一样的理性本质，但是这个本质常常被我们铁一样的贪婪本质所掩盖。黄金的本质很少能够表现出来，因为我们过分忙碌于获取财富，可是黄金的本质却平等地出现在每一个人身上。一种表面上看是拥护等级制的稳定与特权的观点，实际上仍然是在呼吁人们从事研究，要求人们认识到一个好的统治者应当具备哪些特征，然后仔细地审查每一个人，看看他们是否具备这些特征。我们这些为了寻找好的统治者和公正的人而孜孜不倦地攻读这本书的读者清楚地知道，这个任务与确定黄金是否存在于某人身上几乎是一样地困难。这个化作泡影的解释生动地说明柏拉图对话中的一个普遍特征：那些解释乍看似乎是武断的教条，但是一经审查，它们就会从内部崩溃。这种表面的不变性总要让位于一种更灵活更有针对性的探讨，一种能够深入底层的考察。下一章在讨论柏拉图的方法时，我们将进一步考察这一特征。

在柏拉图对话中，思想的生命创造了戏剧的许多情节，这些情节以苏格拉底为核心，生动地展示了"理性生活"的生命历程。[27]我们在这一节已经看到,他使理性获得生命。我们还要列举《理想国》中关于思想的生命的几个例子,作为本节的结束语。

思想的复活不是为了取代世界上的事物,而是为了让我们做好准备,与它们一道生活。不公正的思想在一个不公正的人身上复活,他用古阿斯的戒指来掩盖自己的不公正行为,正如不公正的修辞学家隐蔽在听起来公正的话语之后。在对话过程中,他被穷追不舍,在讨论僭主的那一章终于原形毕露,把生命建立在不公正的思想之上的后果大白于天下。与《高尔吉亚篇》中的凯里克利一样,色拉叙马霍斯认为,他可以改变其信念与行为的某个方面,这并不会影响他生活的其他方面。对他自己来说,比别人有优势肯定是一种有利条件。他只能看到自己从别人那里所得到的好处,却看不到自己的损失。第九卷所描述的那个僭主逼真地刻画了这样的生活和损失。他被禁锢在自己的权力和欲望之中。他所能知道的仅仅是人们认为他愿意听的那些东西。他的文化所代表的极端形态是有组织的欺骗,正如哲学所代表的极端形态是讲真话一样。为了在研究过程中赢得合作者的支持,我们应该真诚地对待他们,只有这样,我们才能希望他们也会真诚地回报我们。谁也不能保证在两个相互信赖的朋友之间,一方会出于友谊和善意之外的其他原因而对另一方讲真话。当美诺问苏格拉底,他可能对某个具体问题做出什么样的回答时,苏格拉底说:

当然是要给他一个正确的回答。如果提问的人属于那种聪明好辩(喜欢辩论,乐于竞争)的争论者,我就对他说:"我已经回答了你的问题;如果你觉得我的回答不正确,那么你的事情就是反驳它。"如果提问者是你我这样的朋友,他们想展开讨论,他们的回答就必须讲究礼貌,必须中肯。我的意思是,回答不仅要正确,语言还要通俗易懂。(75c-d)

哲学的一个目的就是能够讲明白,作为回报,讲话者能够了解人们对他提出的那些思想所做的有益评价。当凯里克利宣称,修辞学的盛行将使苏格拉底感到头晕目眩,无可奈何时,苏格拉底回答说,恰恰是那些正确的评判(这里是指神灵的评判)使凯里克利不知所措,举步维艰(《高尔吉亚篇》526e-527a)。当他遇到一个能够揭示其灵魂真理的讲真话的神明时,他肯定不知道应该如何应答,因为他只熟悉修辞学的那套把戏。他不知道一个人的思想不仅是棋盘上的招数,而且会影响他的生活。苏格拉底之所以讲了那么多关于来世的故事,一个主要的原因在于,他想详细阐述后果的观念。

说好要在塞斐勒(Cephalus)家举行的那次宴会终究未能如愿,参加者们却享受了思想的盛宴。在这次宴会上,苏格拉底那狼吞虎咽的吃相使他未能在第一卷充分消化那些思想,于是柏拉图又续写了另外九卷,以全面展示这次盛宴(354b)。

拟议中的骑马火炬接力赛也是如此，它发生在柏拉图的兄弟们之间，为了寻找正义，他们传递着探索的火炬。城邦的思想诞生了，而且受到教育；它发烧了，通过服用泻药而痊愈；长大成人之后却发现，自己面对的是接连不断的批评；人到中年以后才认识到，批评实际上是有益的，必须将它纳入自己的生活，因此必须让那些不关心政治的哲学家们来做统治者。正如大多数市民过分忙碌于赚钱而无暇顾及自己的灵魂，哲学家们则过分关注自己的灵魂而无暇顾及社会政治。他们之所以做统治者，仅仅是因为他们对社会的稳定、对一个庞大的受过教育的群体（哲学家们越多，他们就越没有时间来治理城邦）、对公开的思想交流感兴趣。他们之所以做统治者，就是为了摆脱坏人的束缚，这也正是我们努力审查自己思想的原因；我们的目的是，如果能够发现一个好的统治者，我们就不用接受一个坏人的统治。

修辞学（下）

尽管苏格拉底宣称，《理想国》最后一卷的写作动力来自"哲学与诗歌的古老争论"，但是我们发现，在柏拉图对话中，争论最多的还是哲学与修辞学的关系。在四篇对话中，苏格拉底曾与智者的几个代表人物交谈，而在另外一些对话中，他也曾与其他几个影响较小的智者展开讨论,他总是努力说明修辞学是什么,修辞学与哲学的区别何在。其他几篇对话,例如《斐德罗篇》与《会饮篇》,都花费了较大篇幅来展示修辞学的例证及其评述。既然哲学思想与哲学论证已经复活,为了真正获得自己的生命,它们必须证明它们与修辞学那种只顾自己私利的论证究竟有何区别。

在许多雅典人的心目中,哲学家们都是一些狡猾的饶舌者和咬文嚼字的空谈者,与智者们完全相同,他们认为,二者没有什么真正的区别。在《申辩篇》中,苏格拉底被指控为一个智者,因为他怂恿自己的学生使用这样一种创造性推理:"借债不还的方法是,雇一个女巫去捉住月亮。这样就不再会有月末(月亮运行的周期)到来,我也就不必在每个月的头一天交还那到期的债务了。"㉘在《普罗泰格拉篇》中,当苏格拉底来到智者们的大本营时,看门人把他当作一个智者。在《斐德罗篇》中,哲学与修辞学的区别是一个明显的主题,《会饮篇》中那几篇不相上下的求爱演说则含蓄地探讨了这个问题。《智者篇》对人类及其活动做了冗长、幽默但模糊不清的分类,勉强区分了骗人的智者与探索真理的哲学家和政治家。此前,我们已经考察了哲学家们所承担的批评观念的死亡、使观念的生活民主化的义务,现在我们必须进一步研究这种区别,特别是考察哲学家们必须致力于探索真理的那种原因。

通过适应死亡状态,哲学获得新生,但它的生活是艰难的,因为它必须把自己与其近亲修辞学或诡辩术区别开来。尽管智者们，例如《斐多篇》中的艾维那（Evenus），对于适应死亡显然毫无兴趣，但是他们在其他方面的兴趣却与哲学的兴趣并行不悖（61b-c）。在民主制度中，他们享有盛誉，因为人们可以公开讨论新的思想。他们吸引了城邦的青年，特别是那些怀有政治抱负的青年。他们追问传统价值观念的基础，散布文化相对主义。他们的工作要求他们必须具有一定的语言天赋和逻辑知识。虽然他们的陈述清晰易懂，但总会造成一定程度的思想混乱。哲学与修辞学的兴趣迥然不同：修辞学能够取得成功，是因为它巧妙地利用了某个价值体系，以此来衡量包括美与真理在内的任何事物；哲学，至少就苏格拉底而言，似乎是根据它与修辞学的相互关系而努力建立这样的价值体系。我们努力区分二者，但是最后我们并没有把它们分开，而是让其中的一方吸纳了另一方。

　　修辞学与哲学即使不完全相同，也非常相似。苏格拉底使用各种修辞手法，利用他从语言中抽取出来的一些出人意料的含义和联系，迫使对方赞同他所陈述的逻辑，尽管他们怀疑他得出的那些结论是否适用于现实生活。希比亚（Hippias）的抱怨颇有代表性："哎，苏格拉底！你总是编造这样一些论证。你往往选择任何一个论证中最难的部分，然后进行仔细分析，却从不讨论人们正在争执的那些大问题。"（《小希比亚篇》369c）

只要比较几个例证,我们就能看到,实际上它们是多么相似。在《会饮篇》中,艾格森运用他所学到的诡辩术来确定论证中的一个含混问题,按照他的观点曲解这一问题。他在发言中举了两个很有代表性的例子。他是这样来证明"爱神(Love)具有自我约束力"这一论点的:

> 大家都承认,自我约束的意思是约束我们的快乐和欲望。任何快乐都不比爱神更有力量。如果所有的快乐都不及爱神的力量,那么爱神肯定是主人,其他快乐则是他的臣民。所以,爱神作为快乐和欲望的主人,在相当大的程度上具有自我约束力。(196c)

发生歧义的词语是"任何快乐都不比爱神更有力量"。随着论证的展开,听众会把这个词组理解成"爱神在所有快乐中是最为有力的",接着艾格森把这个词组的含义颠倒过来,突然提出结论说,"爱神(不是作为一种快乐)比(所有的)快乐更有力"。既然这是那个词组具有的一种可能的含义,我们就相信了它的形式,却对它的内容局促不安。在他的第二个例证中,他试图证明爱神的勇敢:

> 说到勇敢,爱神"能够胜过战神阿瑞斯(Ares)"。不是阿瑞斯俘获了爱神,而是爱神俘获了阿瑞斯。传统观念认为,阿瑞斯爱慕阿芙洛狄特(Aphrodite)的智慧。既然俘获者高于俘虏,那么能够俘获其他所有存在者中最勇敢的存在者的那个存在者,必然是所有存在者中最勇敢的存在者。(196d)

这里的模糊性表现在"俘获者高于俘虏"这个词语中。在这个具体场合,俘获者高于俘虏,因为他在某一竞争领域击败了俘虏:智慧、计谋、力量、耐性或者这里所说的性行为。因为俘获者在某一领域高于俘虏,这并不意味着她在其他任何领域也高于俘虏,更不是说她在所有的领域都高于俘虏,然而这正是艾格森所要达到的目的。因为俘获者能力强,所以就你所能列举的任何一种素质而言,她肯定具有同样的能力和勇气。艾格森希望获得的那种含义仍然潜伏在他的措辞中,所以我们尽管感到局促不安,却还是接受了这种观点,因为我们想把握这个论证的其余部分,所以我们不可能在这些有疑点的地方停留太长的时间。

在《美诺篇》中,苏格拉底根据那个身为奴隶的男孩所谓的几何证明法,同样提出一种假设,以帮助对话者们考察美德能否被传授的问题。问题的关键是可以传授的东西与知识的关系。苏格拉底说:"除了知识,其他任何东西都是无法传授的,这难道不是众所周知的事实?"和那些智者一样,苏格拉底也要哄骗、威吓自己的听众。当他说某某事情是"众所周知的"、"不言而喻的"或"显而易见的"时,我们必须提高警惕,这与上述艾格森所谓的"大家都承认"完全相同。这类词语让我们的理智来反驳自己;如果我们认为对方提出的论点并非显而易见,我们就会觉得错误出在我们这里。[29]就以上例证而言,短语"除了……"为苏格拉底提供了足够的含混。苏格拉底试图提出一个三段论,这个三段论的前提是"美德是知识",结论是"美德是可以传授的"。他的大前提应当是"所有的知识都是可以传授的",但是他实际使用的表达方式却是"所有可以传授的东西都是知识"。如果"所有的V都是K",并且"所有的T都是K",就不会得出任何结论。苏格拉底竟然要求人们重视这个草率的推论,可是美诺置若罔闻(88c)。但是后来他确实觉得少了些什么,他怀疑"我们的研究方法是否正确"(96d)。

希比亚的担心和美诺的怀疑,指明了隐藏在这些相似的论证背后的一个重要区别。苏格拉底的论证受到听众的质疑。他仿佛欢迎这种质疑,不仅如此,他甚至有意识地设置了这些问题。然而,艾格森的发言是为了博得听众情感上的反应,而不是为了获得他们理智上的反应;正如他们迷恋于他的强健体魄一样,他们也应当陶醉于他的华美辞藻。苏格拉底只是在艾格森发言以后向他提问,这突出了这里所使用的修辞手法的一个变化。在苏格拉底看来，修辞学"有助于"人们提出问题，而不是帮助他们回避问题。既然修辞学成了自我审查的一种工具，它就为我们提供了理解这两种经验的一条线索。

智者们喜欢在大庭广众面前做长篇大论，却很少给他们思考或提问的机会。这就是色拉叙马霍斯在《理想国》中发表他的第一个长篇大论时所采取的策略。话音刚落，"他就打算离开，仿佛一个沐浴者，冲着我们的耳朵发表一番倾盆大雨般的讲话之后"（344d），旋即离去。柏拉图所塑造的这些智者说，唯有长篇大论才能充分表达他们的思想，所以他们总是有这样的思想准备；另外，他们却不愿参加苏格拉底式的问答活动。智者希望听众尽可能少地注意到他本人，正如他使自己的听众觉得，他们都差不多，无须担负各自的责任。他的论证应当明白易懂，符合常识和舆论，不会引起人们的重视。他们必须了解并且利用听众的爱好和成见。事实上，最好的论证应该是那种看上去甚至不像是论证的论证；它不过是在提供信息或陈述事实。修辞学的首要目标就是要掩盖它是修辞学这个事实。

与此相反，苏格拉底总是喜欢一对一的比较简短的讨论，在论证的每一阶段都要赢得对方的赞同。苏格拉底运用这些讨论来突出自己与对话者的中心地位，来考察民众以及作为他们立身之本的那些思想。"我的目的是检验论证的有效性，然而结果可能是，我作为提问者，你作为回答者，都要接受检验"（《普罗泰格拉篇》333c）。他使听众感到不安，因为他怀疑他们所坚持的那些成见。《美诺篇》中的安尼图（Anytus）宣称，虽然未曾与任何一个智者交谈，但是他知道智者的所有伎俩；这就像美诺那样，他认为自己知道美德究竟是什么，又如那个身为奴隶的男孩，他以为自己知道应该如何展开几何证明。安尼图不同意智者的看法，因为他们破坏了传统价值观念，他却不知道这些价值观念已经变成了这些精明辩士的玩物，原因恰恰在于这些观念已经变得空洞无物。智者是症状，而不是症结。同理，修辞学也是一种症状。它揭示了我们弄巧成拙的地方；换言之，在没有适当证据的情况下，我们就把某些思想联系在一起。它仿佛是无知的试金石；它的在场标志着知识的退场。修辞学本身具有自我掩饰的作用，但是如果接受哲学的指导，它就不仅能够展示自身，而且能够揭示它所代表的心灵状态。

　　这种解释有助于我们说明，在与著名的智者高尔吉亚、普罗泰格拉、希比亚以及轻量级的智者色拉叙马霍斯、欧若德摩及其兄弟的几次交锋中，为什么苏格拉底的修辞手段似乎总是占上风。这些对话者指责他利用智者通常所用的那种手段，为一种与常识、逻辑或舆论截然相反的论点辩护，以达到其哗众取宠的目的。[30]在《高尔吉亚篇》中，他争辩说，忍受坏事的折磨比做坏事好。在《小希比亚篇》中，他说，故意不讲道德的那些人比无意中做了合乎道德的事情的那些人好（376d）。在《普罗泰格拉篇》中，他曲解著名诗人塞蒙尼德（Simonides）的话，以论证他所谓的没有人故意做坏事的主张。在《理想国》

中，他说，强者的好处就是关怀弱者。智者可能会反驳这些不受欢迎的论点，让听众相信他们的主张，以此来炫耀其论证技巧。苏格拉底也会利用这些不受欢迎的观点来突出智者的论证技巧，但不是为了说明它们的证明力，而是为了揭示其弱点，为了批评这样一些技巧。他希望人们能够注意他的推理方式，以便他们提出批评。在这些辩论赛中，揭露苏格拉底推理过程中的错误就是对他的帮助。他告诫人们要关注修辞学而不是掩盖修辞学。

苏格拉底坚持这些不受欢迎的论点，不仅是为了表现自己，而且是为了让人们认真地思考。他以修辞学的方式提出这些问题，以便提高听众的警觉。当我们意识到我们能够抵挡修辞学的诱惑时，我们已经开始了哲学思考。我们成为合乎逻辑的表达方式与不合乎逻辑的表达方式的探索者，苏格拉底经常用这样的比喻来描述自己的活动。于是，我们开始思考过去的生活信念已充分证明的、没有被推翻之虞的那些问题。如果我们发现某人在苏格拉底的方法面前败下阵来，我们就会想到同样的命运也可能落在我们头上。我们不得不考虑让我们生活中的某种重要思想承担风险，否则，我们可能要承担更大的风险。我们不希望把我们的信念最终建立在诡计之上，无论那是苏格拉底的诡计，还是智者的诡计。

揭露修辞学的本质，不仅有助于修辞学审查自身，而且有助于审查那些它努力加以掩盖和保护的、作为生命之依托的思想。因此，苏格拉底甚至让修辞学来完成他的主要任务——审查他的生命。在《斐德罗篇》中，苏格拉底解释说，这种方法必须具有彻底性，正如真正的修辞学必须了解各种各样的人、各种各样的表达方式以及使二者协调一致的方法。

> 当（修辞学家们）不仅有资格谈论哪些表达方式可以影响哪些人，而且能够举出某个具体的人，清楚地说明他实际上已经耳闻目睹了过去听说过的一种人；如果他想以某种方式打动听众，他就必须谈论这样的事情，而且必须以这种方式展开讨论——我认为，如果他理解了这一切，而且知道什么时候该说，什么时候不该说，并且能够区分什么时候应该使用、什么时候不应该使用他已经掌握的各种修辞手法，例如简洁明快、哀婉动人、夸张等，然后我们才能说，他已经完全掌握了这门艺术。（271e-272a）

某人要想掌握所有这一切，他就必须拥有巨大的力量，如何控制这种力量成为我们必须讨论的修辞学的最后一个方面。谁能保证拥有这种力量的人一定会用它来造福于自己以及整个社会呢？如果人们根本无法控制这些力量，无法确定它们能否造福于一个社会，那么这个社会为什么要努力发展市民们的这些能力呢？按照过去人们对政治权力的理解，贵族生来就有治理国家的能力，他们有义务促进公众的利益，史诗、悲剧以及宗教仪式等文化形式则巩固了这些观念。在荣誉政体（有声望的人的统治）中，荣辱观念渗透到社会的每一个角落，有才能的人可能取决于大众的称赞或毁谤。在寡头政体中，财富能够反映价值，财富亦肩负着服务于社会公益的责任。所有这些治理形式都要依赖某种非自愿的控制力（血统、羞耻感、义务）来约束权力的使用，但是苏格拉底在《理想国》第八卷已经指出，这些约束缺乏稳定性，必然导致失败。只有民主政体才能为限制个人权力提供一种自愿的解释，换言之，通过分享权力，一个人能够获得一种社会稳定性，这种社会稳定性允许社会尽可能少地限制他对个人欲望的追求。然而，如果人们联合为宗派或集团，齐心协力，以获得对别人的一种优势，更好地满足自己的欲望，那么这种稳定性就会遭到破坏。如果这个宗派掌握政权，它就会发现，同样的逻辑也适用于自己，其内部必然发生斗争，直到最有力的竞争者取得胜利。于是僭主出现了，他没有必要而且只能在一定限度内节制自己的欲望。

为了个人和社会的利益，应当如何节制权力，这个问题是雅典社会和柏拉图对话中贯穿始终的一种张力。《理想国》第二卷有一个关于古阿斯的故事，故事讲述的是一个能够把人变得看不见的戒指以及它对这个人的影响；他立刻开始了一种肆无忌惮的罪恶生活。这似乎是修辞学所能成就的事情。正如阿德曼托斯（Adeimantus）在描述人的不公正时所指出的那样，让别人相信自己是公正无私的那个人能够泰然自若地徇私舞弊，只要他振振有词地把自己的行为说成是正义的。

为了帮助解决这个问题，我们应该在这里讨论柏拉图的"洞穴"比喻，对现在的读者来说，这是柏拉图最著名的一个比喻，也是各种教科书和选读本使用最多的一个例子。因此这也是断章取义的解释出现最多的地方。首先我们要听一听这个故事，然后再考察它所涉及的那些关系。在《理想国》第七卷的一开头，苏格拉底"用一个比喻来说明受过教育的人和没有受过教育的人的本质"（514a）。他把人类比作生存于洞穴中的囚犯。他们只能朝前看。在他们后面有一堆火和一堵墙，火提供亮光，我们在世界上所看到的一切则显现在墙上。其他的人携带着这些东西，发出不同的声响。当他们从火堆前面经过时，便在洞穴的后壁上留下了囚犯们看得见的一些影子。囚犯们以为，这些影子和声响就是实在的东西。

然后我们将考察，如果囚犯获释，会出现什么情况。当他转过身来，走到洞穴的入口处时，他可能会发现，挪动自己的身体是痛苦的，因为此前他一直处于被束缚的状态，他那双适应了黑暗状态的眼睛被阳光照射得什么都看不见了。在这种头晕目眩的状态中，他不可能清晰地看到或描述显现在墙上的那些东西，宁愿回到自己所熟悉的那种观看影子的状态之中。如果这个获释的囚犯被迫走出洞穴，沐浴在阳光里，他可能会逐渐适应这种较强的亮光，他可能还会看到那些影子，但是现在他也能清晰地看到留下影子的那些事物以及亮光的源泉，即星辰和太阳。

苏格拉底使用了一个通常的否定性声明来解释这个上升过程。他说，"这种解释是否正确，也许只有神灵才能知道"，因为"在可知的世界，人们最后看到的，而且是在付出很大努力之后才看到的，是善的理念；一旦见到这种理念，人们就会得出这样的结论：这就是任何事物所包含的任何公正与公平的原因……在个人生活或公共生活中能够谨慎行事的那些人，肯定已经看到善的理念"（517b-c）。就探索正义而言，善的理念的出现是一个顶点，同时它也解答人们为什么必须坚持正义、必须讲真话的问题。当一个人能够离开洞穴，在更好的光线中看到事物本身时，这个理念就会出现；这种解释能够说明所有的其他解释。

获得善的理念，是我们心里体验的一个事实。每个人的生活都是按照不同等级的理念而组织起来的，我们通过这些理念进行选择。就我们自己的幸福而言，我们所具有的最基本的理念就是关于我们的善的理念。就宇宙的福祉（世界万物为什么会呈现出如此形态）而言，最基本的理念就是普遍的善的理念。我们所理解的善的理念对于解答我们应当如何生活的问题，具有至关重要的意义。我们的一切行动皆出自这一理念，正是因为这个缘故，苏格拉底才主张我们不会故意作恶（《普罗泰格拉篇》345e），毋宁说在这种情况下，我们对自己的善仅仅获得一种不完善的理念。因为许多其他理念都以善的理念为基础，所以这个理念深藏于我们的思想中，人们很少思考它，更不必说对它进行审查了。这个理念对于"适应死亡并且在死亡状态中存在"具有极为重要的意义，然而它也是最难探讨的一个理念。

《理想国》的这个中间部分为我们提供了关于善的理念，或者至少是关于善的衍生物（506e）的一系列比喻，例如太阳比喻、四线段比喻以及洞穴比喻。这些比喻出现在这篇对话的一个关键位置，在这个地方，受过专门训练的统治阶级成员，由强迫别人来实现自己愿望的强大统治者转变为不得不使用而不是滥用其治理城邦能力的哲学家。这种转变就是对伪装成公正行为的那些不公正行为以及修辞学的其他遮蔽手段的一种回应。这些比喻旨在清楚地说明，我们已经认识到我们拥有善的理念。正如线段比喻所示，善的理念隐藏在比喻、信念、计算等层面之下。要想审查这个理念，就必须克服我们走出洞穴时通常具有的那种体验。

这种洞穴经验出现在许多对话中。当美诺在其对话（96d，97c）中表现出惊讶时，或者当《会饮篇》中的阿克巴德（Alcibiades）在描述他被苏格拉底这条"毒蛇咬伤"（217e-218a）以后的情况时，我们都能看到这种转变的开端。苏格拉底推翻了他的善的理念，要求他审查这一理念。阿克巴德以为，他的身体和心灵都是最优秀的，任何人都想利用他的身体或心灵。

但是当他把自己献给苏格拉底时,却遭到拒绝。指导他生活的那种理念破灭了。他被步步紧逼,眼看就要开始审查自己的生活了,却又退了回来。

评价洞穴比喻及其重要意义的一个最有趣的地方,是与智者有关的那些对话。通过质疑智者们所提出的善的理念,苏格拉底将他们彻底赶出其藏身之地。在谈论别人的理念时,我们可能随意撒谎,但是当我们自己的理念面临危机时,我们却希望把握真理。普罗泰格拉在其对话中希望各种美德是互相分离的,而不是大致相同的,这样他就能够传授其中之一而无须涉及其他德行。苏格拉底认为,所有的美德本质上是相互联系的,他说服普罗泰格拉接受这种观点,只有一种美德,即勇敢,尚未包括在上述美德之中。勇敢作为美德对于获得修辞学意义上的胜利至关重要;信心的作用在于说服听众。苏格拉底的修辞学特征越来越明显,这一点尤其表现在他所解释的那些诗歌当中;与此同时,普罗泰格拉的修辞学特征却越来越淡漠了。他甚至厌恶以舆论为向导,于是他开始审查自己的理念(353a)。在这篇对话的结尾处,他的理念垮台了。他站在洞穴的出口,他将用来发现新理念的那种亮光却使他眼花缭乱。和阿克巴德一样,他也被苏格拉底这条毒蛇"咬伤"了。此外,他也好像无法坚决跨越这道门槛。当他认识到自己所拥有的真理面临危机时,他会成为真理的探索者,哪怕是一个临时的探索者。

关于洞穴的那个故事当然有一个结尾。已经适应了太阳光线的那个人如果再返回到洞穴中,那么黑暗将会影响他的视力,就像以前的光明曾经影响他的视力一样;他会再次变得昏聩无能。如果穴居者问,他在外面看到些什么,那么他们不可能有任何可以供他使用的有比较价值的经验,以解释他自己的那些经验。他们会说,他虽然回来了,但思维混乱,说起话来语无伦次,他在洞穴之外所获得的那些冒险经历毫无益处。正是这些冒险家们填补了哲学家们的位置。他们的探索旨在发现最明亮的光线或逻各斯,这是一种能够照亮大多数事物的亮光。治理城邦是我们再次逃出这个洞穴的一种必不可少的准备活动。

注释:

① T.S.Kuhn, *The Essential Tension*(T. S. 库恩:《本质的张力》),Chicago: Chicago University Press, 1977, p.xii.

② 几乎所有的哲学史都不约而同地忽视了一个重要问题。能够看到事物本质的那些细心的读者一定会发现,柏拉图通常把教条式论断的数量限制在一个或两个基本的逻辑原则或道德原则之内。在结束所有那些最难理解的思辨、神话故事以及三段论推理时,他几乎总要说这样的话:"其他事情我就不敢充分肯定了;我只是对这一点有把握。"他有把握地说出的那些东西其实不过是一些基本的必不可少的逻辑学或伦理学的假定。[Paul Shorey, *Platonism Ancient and Modern*(保罗·肖里:《古代和现代的柏拉图主义》), Berkeley: University of California Press, 1938, p.12.]

③ 这是《斐多篇》中苏格拉底为论证灵魂不死而提出的证明之一。对于任何一个讲希腊语的人来说,这都是一个迎合听众喜好的论证。在我们看来,它仿佛一个简单的文字游戏,却揭示了灵魂本质的一个方面,即灵魂不可能与死亡同时存在。

④ Aristotle, *Metaphysics*(亚里士多德:《形而上学》),p.987al.

⑤ 玛萨·纳斯堡在其所著《脆弱的善:希腊悲剧与希腊哲学中的运气与伦理》(Martha Nussbaum, *The Fragility of Goodness: Luck and Ethics in Greek Tragedy and Philosophy*, Cambridge: Cambridge University Press, 1986)中,考察了柏拉图与亚里士多德哲学中善的脆弱性问题。

⑥ 《申辩篇》,29e,38a,39d;《普罗泰格拉篇》,333c。

⑦ G.Mylonas, *Eleusis and the Eleusinian Mysteries*(G.迈勒纳斯:《依洛西斯与依洛西斯秘密仪式》), Princeton: Princeton University Press, 1961, p245.

⑧ R.W.Sharples, *Plato: Meno*(R.W.沙普尔斯:《柏拉图的〈美诺篇〉》), Chicago:Bolchazy-Carducci Publishers,1985, pp.145-149.

⑨ 苏格拉底的对话者们常常以较大篇幅的简短而无伤大雅的赞同作为他们的回应。有些批评家,尤其是康福德(Conford)认为,这些东西无论作为戏剧还是作为哲学,都很拙劣,应该在编辑时作为多余的内容而删除。屡屡出现的这些赞同反映了对话者们的思维方式,这种情况在读者身上也时有体现。在我们的阅读过程中,我们常常说"对、对、对",这是柏拉图方法的一个组成部分。我们按照习以为常的思维方式进行阅读,直到人们把我们从睡梦中唤醒。

⑩ 死亡应该受到欢迎,但是死亡不是自杀。我们过于依赖自己的

观念,以至于不能正确地评判它们的价值,特别是在我们承受着心理压力的时候。因此我们不应该否定自己的思想,而应该在与朋友们的交谈中检验它们。

⑪ 关于语言与推理所具有的力量,可参阅《圣经:约翰福音》标准版修订本的开始部分:"太初有道(logos),道与神同在,道就是神。(New York:Nelson,1933)"

⑫ Hackforth, Phaedrus(哈克福斯:《斐德罗篇》),Cambridge: Cambridge University Press,1972, p.64; R.K.Gaye, *The Platonic Conception of Immortality*(R.K.盖伊:《柏拉图的不朽观念》),p.39,出处同上。

⑬ 哈克福斯(Hackforth),出处同上,第68页。

⑭ 许多评论家根据亚里士多德来研究柏拉图,先是根据亚里士多德对柏拉图的评论展开讨论,然后又说亚里士多德吸取了柏拉图思想的精华,是柏拉图思想所结出的硕果。无论亚里士多德写的是什么,他总是在解释自己的哲学;无论他作的评论是什么,他总是为了说明自己的论点,却不一定是为了向我们客观地介绍他老师的思想。我们倾向于把寻求理念的柏拉图与注重经验的亚里士多德对立起来,为二者描绘一幅失真的漫画。他们的兴趣的确不同,但是这并不意味着他们所理解的哲学肯定不同,人们通常认为属于他们的那个世界就肯定不同。肖里(Shorey)的概括恰如其分。

柯尔律治(Coleridge)曾经写下这样的格言:所有的人一生下来不是一个柏拉图主义者,就是一个亚里士多德主义者。大致说来,这是对的,却不是因为人们通常所说的那些原因。柏拉图是梦想家,亚里士多德是现实和享实的研究者,这种说法并不正确。亚里士多德是一个思想家,柏拉图是一个狂热者和神秘主义者,这种说法也不正确。正确的说法应该是:柏拉图是一个思想家、艺术家、诗人、数学家、象征主义者,而亚里士多德是一个逻辑学家、生物学家、分类学家、百科全书编纂家。见注②,Paul Shorey, p.8。

德里·海兰所著的《柏拉图对话中的有限与超越》(Drew Hyland, *Finitude and Transcendence in the Platonic Dialogues*. Albany: SUNY Press, 1995, pp.169-170)详细讨论了亚里士多德对许多评论家的影响。

⑮ 参阅《圣经:新约》中上帝的道使玛丽受孕的故事。

⑯ 一种有趣的可能性是,我们在这里又不知不觉地中了柏拉图的圈套。最出名的瘟疫当然是公元前 430 年伯罗奔尼撒战争开始时发生在雅典的那场灾难。可是,第俄提玛不是主张预防另外一种瘟疫吗?也许修辞学就是这样一种瘟疫,因为它使语言感染上了欺骗的病症。如此看来,他那看似神圣的维护城邦健康的方法其实正是哲学的先声。他引导或教诲苏格拉底步入爱的真理,这是一个气势宏大的宣言,然而他不断地鼓励苏格拉底质询这个宣言(206e、207c、208c),后来他也是这样鼓励自己的听众质询这种真理,柏拉图也是这样鼓励我们质询这种真理。

⑰ 在过去的一百多年里,确定柏拉图对话的写作年代一直是一种家庭小手工业式的研究。与其他方法一样,这里最好的办法是从各个方面来理解辩论的不同侧面以及有关的证据。两个有参考价值的文献是:Jacob Howland, "Rereading Plato: The Problem of Platonic Chronology", *Phoenix* 45, no.3 (1991): pp.189-214(雅各布·豪兰:"重新解读柏拉图:关于柏拉图

著作年表的问题"); Leonard Brandwood, "Stylometry and Chronology", in R.Kraut, ed., *The Cambridge Companion to Plato*, New York, 1992: pp.90-120 (伦纳德·希兰伍德:"风格测定法与年表",载《剑桥柏拉图指南》)。

⑱ 这个问题近来引起许多学者的关注,出版了不少论著。这里我并不想贬低这个问题的意义。许多优秀论著已经问世,感兴趣的读者可以参阅 H.本森所编辑的那个较为全面的参考书目:《苏格拉底哲学文集》(H.Benson, *Essays on the Philosophy of Socrates*, New York, 1992)。

⑲ 格雷戈里·弗拉斯托:《作为讽刺家和道德哲学家的苏格拉底》(Gregory Vlastos, *Socrates, Ironist and Moral Philosopher*, Ithaca: Cornell University Press, 1991);也可参阅玛莎·努斯鲍姆(Martha Nussbaum)发表在《新共和国》(The New Republic, September 16 & 23, 1991, pp.34-40)上的评论性文章。

⑳ 我们必须注意,希腊的神灵并不创造世界的质料,他们只是安排早已在那里存在着的质料。犹太教—基督教所理解的上帝能够从虚无中创造宇宙,在希腊人看来,这一定是荒谬绝伦的。

㉑ 在指导我们生活的过程中,正确信念与知识的作用是一样的,不同的是信念的稳定性不及知识。我们用来证明信念的那些根据容易发生变化,甚至会背弃我们,王如《美诺篇》所描述的那个戴得勒(Daedelus)塑像(97d-98a)。

㉒ 戴维·鲁奇尼克:《论艺术与智慧》(David Roochnik, *Of Art and Wisdom*, University Park, Pa.: Penn State Press, 1996, p.xii.)。这段引文来自其第一部著作《理性的悲剧》(*The Tragedy of Reason*, New York, 1990)。这两部著作都认为,柏

拉图所理解的哲学旨在考察我们的基本理念。

㉓ 这种指责最著名的例证是波普的著作《开放的社会及其敌人》（Karl Popper, *The Open Society and Its Enemies*, Princeton: Princeton University Press, 1966）。

㉔ 柏拉图的基本观点是等级制和贵族制，而不是民主制和平均制。他的认识论和形而上学反映了这种明显的歧视性立场，并且鼓吹这种论点……如果你相信所有的人从根本上说都是平等的，你就可能怀疑柏拉图的论点，因为他相信，那些被认为已经逃出洞穴而且认识到善的理念的人具有优越性。如果你对人类发现"真理"的可能性表示怀疑，那么你很可能无法理解这样的思想：这些有文化的优秀人物比我们一般人更适合于治理国家。见道格拉斯·索西额：《智慧的原型》（Douglas Soccio, *Archetypes of Wisdom*, 3rd ed.Belmont, Ca.: Wadsworth, 1998. pp.138-139）。如果你能够提出这样的问题，那也许是因为柏拉图正在唤醒你的批判力。

㉕ Gilbert Ryle, *Plato's Progress*（吉尔伯特·赖尔：《柏拉图的进步》）, Cambridge: Cambridge University Press, 1966.

㉖ 30年前，美国哲学学会开展了一场与此类似的旷日持久的大讨论：哲学这种职业能否提供一种多数人的统治而不是提供一种贵族制呢？只有最大多数人的参与才能保持哲学的批评锋芒。学会最后决定扩大会员数量，这是我们在柏拉图对话中多次见到的一种模式。

㉗ 这反映了约翰·赫曼·兰德尔（John Herman Randall）那本颇为有益的导论性著作的书名。见兰德尔：《柏拉图：理性生命的剧作家》（John Herman Randall, *Plato: Dramatist of the Life of*

Reason, New York: Columbia, 1970)。

㉘ Aristophanes, *The Clouds*（阿里斯托芬:《云》）, tr.Arrowsmith（New York: Mentor, 1960）, p.70.

㉙ 用逻辑以外的证据来证明我们的论点，这是我们很容易犯的错误。哈克特版的编者在为读者介绍《申辩篇》的翻译时，在短短三句话的篇幅中却使用了"显然""肯定""必定"这样一些字眼，以证明他所坚持的这篇对话具有历史真实性的论点。如果这些字眼不知不觉地进入我们的讨论，那么这很可能是一种征兆，它预示着我们已经超越了现有的论据。

㉚ 高尔吉亚有一篇讲话是众所周知的，因为这篇讲话赞美了海伦，认为海伦完全是无辜的，与特洛伊战争的爆发毫无关系。

3

On Plato — 对话的媒介

> 人们对柏拉图感到厌倦，正是因为他完美无缺，因为他那永不衰竭的文学艺术具有优美的形式，因为他掌握了能够揭示必然性的辩证法，因为他懂得理智的充分与优越，因为他的论辩完全合乎情理，因为他不相信任何伪科学，因为他为心灵的活动提出了一套有助于建设理论体系的专业术语，因为他以讽刺的手段避免了用象征和神话来探讨终极问题的无益做法。而在斯多噶派哲学家所表现出的那种迂腐和平庸中，人们却寻得几分慰藉。
>
> ——保罗·肖里（Paul Shorey）[1]

柏拉图的哲学著作都是以对话的形式写作的，总共大约有29篇。除此之外，还有几篇可能是他写的，另外十二三篇则属于伪作，是仿照他的风格写成的。[2]他可能还写过几封信，介绍了他在叙拉古札的政治活动；他也可能做过几次公开演讲,最有名的一次演讲是"论善",显然,能够理解这篇讲话的人寥寥无几。但是,我们必须加以研究的是他遗留下来的那些对话。他本来可以采用诗歌或警句的形式写作哲学,这是他的先人所使用的风格,要么他也可以采用他的学生亚里士多德写作学术论文的那种方法,然而他却选择了讲故事的方式,故事的内容是人们的谈话。我们既然已经考察了哲学在柏拉图对话中以及在观念的死亡与生活的过程中所发挥的作用,那么现在我们可以进一步研究,一个哲学家为什么要选择这种写作方式,这种写作风格又是如何取得成功的。

文 学 背 景

　　这一部分将讨论柏拉图所使用的那种对话风格的起源。在柏拉图所处的学术环境中存在着好几种文学形式,它们都被吸收到柏拉图对话的风格之中。柏拉图把史诗、悲剧、喜剧、历史、传记的基本要素融入自己的写作风格,理解这一事实将有助于我们更好地把握每一种文学形式所起的作用。
　　柏拉图的一些传记常常包含虚构的成分。在这些传记所讲述的故事中,有这样一个故事:柏拉图在转向哲学研究之前,曾写过几篇悲剧。亚里士多德也有一个类似的故事:在认识到他应该写作学术论文之前,他曾写过几篇对话。关于亚里士多德，我们还有他写下的那几篇对话的残篇，但是关于柏拉图的悲剧，我们没有任何文字记录。有些评论家认为，《斐多篇》更像是一部悲剧，《会饮篇》则更像一部喜剧。《会饮篇》在结尾部分还讨论了这样的问题：同一个作者能否以这两种文学形式进行写作。这说明柏拉图与这些文学风格密切相关。在《会饮篇》中，他成功地再现了喜剧家阿里斯托芬与悲剧家艾格森所塑造的人物形象及其性格特征，这不仅说明柏拉图是一个有才能的剧作家，而且暗示他正在讲述自己的一些身世。③无论他是否真的写过戏剧，有一点是毋庸置疑的：他是在伟大的雅典悲剧时代进行写作的。所有的雅典人都可以参加这些群众性的宗教活动，30000多人观看了艾格森的悲剧。两天以后，《会饮篇》所描述的那些事情发生了。柏拉图的听众既熟悉在剧场上演的那些戏剧，又熟悉那些具有戏剧特征的荷马史诗朗诵会。他们经常听一些复杂曲折的故事，这些故事不但具有趣味性，而且探讨道德、政治以及宗教方面的一些问题。

悲剧和喜剧越来越多地吸纳了修辞学的词汇，比如说在《云》这出喜剧中，斯特希阿德(Strepsiades)的儿子就学会了"新逻辑"；在欧里庇得斯的悲剧《美狄亚》中，美狄亚与伊阿宋(Jason)就他们两个人谁给对方的帮助发生了更大的争论。和柏拉图一样，希罗多德与修西底德斯的历史文献所记录的那些辩论，也是让真实的历史人物讲述他们确实讲述过的那些事情。把这样一些或然性事件载入史册并非史无前例，这与荷马史诗中的那些英雄故事不同，许多雅典人认为这些英雄故事纯属虚构。悲剧改造了荷马史诗的许多素材。喜剧则以漫画的手法讽刺了当时在世的那些人，他们所具有的那种历史真实性只是为了让观众认出他们。这种粗俗的幽默把打闹和老练混为一谈，把肠胃气胀、大便畅通和关于缔结和约或灵魂不死的讨论混为一谈。幽默的任何来源都可能成为取笑的对象，这些对象包括人们的名字以及他们的亲属、他们的身体特征、职业、名声、性行为等；越是滑稽，就越受欢迎。阅读阿里斯托芬的喜剧是阅读柏拉图对话的必要准备，因为柏拉图在写作那些对话以前，对于这些喜剧及其粗犷的风格早已耳熟能详。

所有这些因素都已经溶入柏拉图的风格。他讲述历史人物的故事，把历史与文学结合起来。他那些故事的文学背景是史诗，因此他经常嘲笑荷马讲过的一些故事，例如在《普罗泰格拉篇》中，苏格拉底走进智者们居住的那间房子，用《奥德赛》（315b-d）中奥德修斯访问地狱时所使用的语言来描述当时的情景。在《会饮篇》中，苏格拉底要去艾格森家出席晚宴，路上结识了阿里斯托德莫（Aristodemus），他把他们说成是去阿伽门农家做客的英雄战士（174b-c）。在《斐多篇》中，当希米亚和西伯反对苏格拉底的观点时，他把自己和斐多比作赫拉克勒斯（Heracles），因为赫拉克勒斯曾经请求伊奥劳斯（Iolaus）帮助他在两个战场上同时作战（89c）。有时，这样的暗示也不很明确，例如《斐多篇》的开始部分再次讲述了特修斯（Theseus）

的故事，这个故事说，特修斯拯救了12个青年的生命，他们本来是献给迷宫中的米诺陶（Minotaur，牛头人）怪物的一些牺牲品。这里，那十二三个来监狱探望苏格拉底的青年人也需要拯救，因为一个类似的不能明辨是非的怪物——死亡这个可怕的妖怪，正在威胁他们的生命。柏拉图把荷马史诗所描述的那个刀枪剑影与鲜活的肉体相冲突的世界转化为一个语言与观念相冲突的世界。

这个新的英雄竞技场不像《奥德赛》和《伊利亚特》中的场面那样阴森可怕。在《奥德赛》中，奥德修斯为了洗涤其故乡的罪孽，竟然屠杀了100多个向他妻子求婚的人；在《伊利亚特》中，就连斯卡曼德鲁河（Skamandros）也在悲愤地哭诉，因为阿基里斯杀死的那些人已经阻断了奔腾的河流。幽默的因素是存在的。在《会饮篇》中，辩论的参与者俄里克西曼奇（Eryximanchus，其字面含义是"征服打嗝儿的勇士"）的名字非常有趣，不可能不引起辩论者的关注，于是柏拉图让他来对付正在打嗝儿的阿里斯托芬。柏拉图常常取笑对话者的名字。美诺（Meno，这个单词的意思是"留下来"）并没有留下来去探索哲学的奥秘。美利图（Meletus，这个单词的意思是"关心"）并不关心青年人，可是在《申辩篇》中，他说他要努力把这些青年从苏格拉底的魔爪下救出。《理想国》中的塞斐勒（Cephalus，这个单词的意思是"首脑"）虽然身为一家之主，却不知道应该如何履行自己的义务。泰阿泰德(Theaetetus,

这个单词的意思是"旁观者")在其对话中提出了知识就是知觉的论点。色拉叙马霍斯是《理想国》中的一个"剽悍的武士",普罗斯（Polus）则是《高尔吉亚篇》中的一个肆无忌惮的"马驹"。柏拉图对话的任何一个好的版本都应该用英语来解释这些希腊名字的含义，这即使不能帮助我们把握对话情节的剧烈转化，至少也会有助于我们理解某些巧妙的双关语。

此外，还有其他种类的一些幽默故事。在一篇讨论节制的对话中，年轻的查米狄（Charmides）的披风忽然敞开，身体裸露在外，苏格拉底动心了。了不起的身体预示着同样了不起的心灵，强烈的欲望在哲学家心中升腾。在《会饮篇》中，当阿里斯托芬用俄里克西曼奇的方法治疗自己打嗝儿的毛病时，他是在俄里克西曼奇慢慢腾腾地讲话的过程中当众进行的。读者一定会把阿里斯托芬设想成一个具有超常天赋的喜剧家，无论语言多么辛辣，他都要屏住呼吸，暗自发笑，然后渐渐展开，直到最后捧腹大笑。与此同时，医生正在向他讲述他是如何通过科学而学会控制人的身体的。《欧若德摩篇》中的愚蠢行为比比皆是。例如，两个摔跤教练当上修辞学教师以后，便迫不及待地炫耀自己的才能，仿佛他们还是在拳击场上。

柏拉图的对话风格还有一个文学上的来源，那就是苏格拉底本人。至于苏格拉底是如何开展哲学研究的，他没有留下任何文字材料，但是我们可以根据几种不同的历史文献推断，他曾请求别人与他交谈。根据柏拉图《会饮篇》开始部分的那段对话,苏格拉底的一些谈话当时已经变得遐迩闻名,人们渴望聆听非常有名的谈话。和柏拉图一样,色诺芬也写过题为《申辩篇》和《会饮篇》的对话,这进一步说明苏格拉底的对话风格在这些场合是尽人皆知的。色诺芬在其《长征记》中还记录了苏格拉底的其他几篇对话。像艾什尼(Aishines)这样的作家也以记录了苏格拉底的对话而著称。这些以苏格拉底为主要人物的有文字记载的对话与其说是一种文学风格,毋宁说是苏格拉底的朋友和信徒们用来记述他的生平事迹、缅怀他的崇高品格的一种方式。

因此,柏拉图的对话在古代雅典并非是独一无二的文学体裁。此外,当时还出现了其他形式的苏格拉底对话,以及其他形式的具有戏剧特征的辩论和讨论,这些争论通常与历史事件有关。哲学家们,例如休谟和贝克莱,也写了几篇更有现代意义的对话,但是这些对话显然缺乏深度,没有戏剧的特征,原因或许在于戏剧曾扎根于古代雅典文化这片沃土。我们将考察柏拉图对话的一些具体要素,看看它们是如何发挥作用,如何与其他要素共同构成一个整体的。

背景与场面

我们将在这一部分考察柏拉图对话的一些戏剧性的写作手

法，后面几个部分将讨论对话的展开方式以及故事与神话所起的作用，最后我们将简要地考察苏格拉底式的讽刺。为了弄清这些戏剧性要素在哲学中是如何发挥作用的，最好的办法是详细地研究一篇对话。但是，限于篇幅，现在这本书显然不能担此重任。柯瑞（Koyre）的《发现柏拉图》（*Discovering Plato*）是一本很好的介绍性读物，它研究了《美诺篇》《普罗泰格拉篇》《理想国》以及《泰阿泰德篇》。④我们将在这一部分认识柏拉图所使用的一些写作手法，弄清它们发挥作用的方式。

必须牢记的一个重要原则是，密切注意对话者情绪上和逻辑上的反应。对话中的那些人物都具有丰富的情感。如果苏格拉底占了上风，那么他们往往愤愤不平。但是他们也会觉得难堪，甚至感到羞愧［例如色拉叙马霍斯（《理想国》350d）以及欧若德摩的兄弟（297a）］。他们会堕入情网（莱西斯），会担心自己的名声（克里托），也惧怕死亡（塞夫勒），也会挂念他们的孩子［例如《拉赫斯篇》（*Laches*）中的莱西马库（Lysimachus）与米里西亚（Melisias）］。苏格拉底的辩论随着对话者的反应而变化；与此相同，柏拉图的辩论也是随着我们的反应而变化。一般说来，只有当情感宣泄之后，它们一直为之辩护的那些思想才得以显现，然后我们才能考察这些思想。我们已经看到，修辞学可以作为一种征兆，帮助我们认识那些我们通常用来掩盖自己思想的防护物。与此相同，情感也可以帮助我们发现这些防护物。

尽管多数对话都是自成一体的，但是有三组对话表现出有非常密切的联系。《理想国》似乎是苏格拉底帮助达成的一种共识，因为他的三个朋友分别讲述了不同的故事。《蒂迈欧篇》（*Timaeus*）与《克里狄亚篇》是这一组的另外两篇对话，可是我们没有关于第四个对话者，即赫谟克拉底（Hermocrates）参加对话的任何文字性材料。《泰阿泰德篇》中的那组对话者第二天又聚在一起，这就是《智者篇》和《政治篇》的形成。在《泰阿泰德篇》的结尾，苏格拉底说，他必须到最高行政长官那里去回答人们对他的指控。这就把这篇对话与那组关系到他的审判和死刑的对话联系起来，这组对话包括《尤西弗罗篇》（*Euthyphro*）、《申辩篇》《克里托篇》（*Crito*）以及《斐多篇》。某一组对话中某一篇对话的含义究竟在多大程度上可以通过其他对话来解释，是一个已经被讨论了几百年的问题。

尽管柏拉图对话的场景与表达方式各不相同，但是几种主要风格在许多对话中都有所表现。三分之二的对话是在精心布置的场景中进行的。四分之三的对话发生在两人以上的群体中。三分之二的对话是由一个无名无姓的看不见的叙述者直接陈述的。每一类别中的那些对话并不完全相同。柏拉图经常改变写作风格。我们必须仔细阅读每一篇对话，弄清为什么要在这种情况下使用这些要素。有八篇对话发生在苏格拉底与一个对话者之间，这种亲密关系与他们的谈话内容有什么联系呢？例如在《斐德罗篇》中，苏格拉底与斐德罗在一个偏僻的具有传奇色彩的地方进行交谈，据说就是在这个地方，一个神抢走了一个年青姑娘（229）。斐德罗的健壮体魄曾为他招来许多封情书。他有一定的挑逗性，但是在这种挑逗性的背景下，苏格拉底所讨论的不是身体的魅力而是语言的魅力，斐德罗就是在背诵这样的文章。这是一个非常恰当的场合，因为它以肉体的性生活为比喻来审查我们心灵的性生活。这里，苏格拉底所关心的是抢夺心灵，是把某种思想灌输给另一个人，让这种思想主宰这个人，并且在他心里生根发芽。在这种思想开花结果之后，他会把这个成果当作自己的成果，因此他使所有的父母都感到痛苦，因为他们不能正确地评价自己的孩子。

思想的性活动这个话题屡屡出现在多篇对话中。在《普罗泰格拉篇》的开始部分，苏格拉底的青年朋友眼看就要变成一个智者了，因为苏格拉底想夺走他的思想（他的孩子）；在《泰阿泰德篇》中，苏格拉底把自己描述为一位助产士，因为他帮助那些怀有某种思想的人把这些思想放到光天化日之下，以便弄清这些新思想是否完整、健康，抑或只是骗人的空话（149a-151d）。⑤在《会饮篇》中，第俄提玛的讲话对那次全部由男士参加的自称同性恋具有优越性的聚会提出质疑，因为他把生育的要求与同性恋活动的不育对立起来。这里所描述的心灵生活强调，我们的心灵必须接触不同的思想，只有这样，它才可能实现杂交繁育。这种描述还提醒我们，苏格拉底经常批评其论敌以自我为中心的倾向；就这组对话者而言，这种倾向的表现就是男性的同性恋行为；这里最能体现苏格拉底批评的是，他拒绝与阿克巴德发生性关系，从而驳斥了后者对善的理解。

多数故事都有一个明确的背景，这个背景能够反映对话者们所讨论的那些思想，并揭示这些思想可能产生的结果。从《欧蒂夫罗篇》《申辩篇》以及《斐多篇》来看，宗教信仰会产生某些政治性结果。你所喜欢的东西一定会影响你的所作所为，《会饮篇》中的那七个对话者已经清楚地说明了这一点。《理想国》这篇对话发生在比雷埃夫斯，这是雅典的一个港口城市，新的移民、新的宗教以及新的思想汇聚在这里；政治上，这是动荡不安的滋生地，在这里，苏格拉底可能遭遇匪徒的拦劫，但是革命性的思想也可能在雅典城邦的文化传统之外发展起来。斐德罗在其对话中同样处于一个变化不定的环境之中，他的锻炼计划是新的，讲话方式也是新的。不同的思想为欧若德摩及其兄弟提供了新的竞技场。塞斐勒来到雅典，聆听了巴门尼得（Parmenides）的演讲，具有讽刺意义的是，巴门尼得认为运动是不可能的。

在某些对话中，场景正是模仿智者的论证方式而布置的。在《欧若德摩篇》《拉赫斯篇》以及《小希比亚篇》(*Hippias Minor*)中，苏格拉底见过这类表演，他是在高尔吉亚、普罗泰格拉、克拉底鲁（Cratylus）以及伊安（Ion）表演完之后才到场的。这种具有竞争意义的环境，同样出现在以体育场和摔跤学校为背景的几篇对话当中。苏格拉底最初拒绝参加这类表演，可是最后往往还要做一些类似的事情，比如说在《普罗泰格拉篇》中，他曾长篇大论地解释塞蒙尼德（Simonides）的诗；在与克拉底鲁的对话中，他曾与克拉底鲁交流关于单词起源的看法；与荷马史诗吟诵者伊安一样，他也大段引证荷马的诗歌；在《斐德罗篇》中，他自己的修辞术战胜了利西亚（Lysias）的修辞术。他仿佛一条变色龙，能够变得与对手浑然一体，而且使用他们的术语和论证，有时甚至能推动他们开始批评自己的思想。

柏拉图在五篇对话中使用过一种较为复杂的构思技巧，使一个故事嵌入另一个故事之中。在第一个故事中，有两个人正在谈论刚刚发生的一个重要事件，其中一个人很想知道究竟发生了什么事情。然而，只是在《斐多篇》中，苏格拉底才成为他们感兴趣的话题；在《巴门尼得篇》中，塞斐勒与克拉左门（Clazomenae）的几个朋友来到雅典，听柏拉图的兄弟讲述巴门尼得与青年苏格拉底的论战；在《会饮篇》中，有个朋友希望听一个猥亵的故事，以便消除散步时的那种沉闷；《泰阿泰德篇》是为了纪念即将告别人世的泰阿泰德;《普罗泰格拉篇》中的那个对话者希望听到智者的最新消息。没有几篇对话是纯粹的哲学讨论。一般来说，对话中的这些人希望听到精彩的故事或讨论，苏格拉底却把这种谈话引向哲学。

作为读者，我们总是根据自己的观点来理解所有的事情，柏拉图在这里也是根据他的观点来提醒我们，要我们注意这些观点发生变化以后可能造成的那些结果。《会饮篇》的开始部分非常详细地探讨了这个问题。苏格拉底的一个崇拜者阿波罗德鲁（Apollodorus）从苏格拉底的另一个崇拜者阿里斯托德莫（Aristodemus）那里听到一个故事，在进城的路上，他把这个故事讲给一个不懂哲学的同路人。⑥阿波罗德鲁还解释了应该相信这个故事的原因。他增加了一个小小的插曲，以便说明柏拉图是如何以这个故事为铺垫而引出那篇对话的。阿波罗德鲁讲述了两天以前他讲这个故事时的情形，还交代说格劳康（Glaucon）是如何来找他，把他当作知情人的，因为他是苏格拉底的忠实信徒，所以格劳康就来找他对证。他确实承认，那件事情发生时，他还是一个孩子，是阿里斯托德莫把这个故事告诉他的，因为他当时在场。阿波罗德鲁还顺便说，民间还流传着菲尼克斯（Phoenix）讲过的一个有关这件事情的拙劣故事。然后，阿波罗德鲁当着这个同路人的面，直言不讳地称赞哲学给人带来的快乐，并且说这种快乐高于这个人所关心的那些买卖。面对这种并无恶意的无礼之举，那个朋友想起了阿波罗德鲁的绰号——"狂热者"。阿波罗德鲁终于开始讲他的故事了，他保证原原本本地讲述自己听到的一切。可是没过几页，他就说"阿里斯托德莫无法准确地回忆每一位发言者所谈的全部内容，我也想不起阿里斯托德莫给我讲过的所有事情，因此我只能告诉你每一篇发言讨论过的一些最重要的问题,我认为应该记住这些问题"(178a)。(关于回忆的讨论到此结束。)

  这一天的谈话以两天前发生的那件事情为背景,正如这次聚会是以两天前艾格森的胜利和第一次酒会为背景。这些事件的次序是:艾格森的胜利——艾格森家举行宴会——阿里斯托德莫讲了这个故事——两天前,阿波罗德鲁讲了这个故事——这一天,阿波罗德鲁又讲了这个故事。阿波罗德鲁的讲述又是以他自己和阿里斯托德莫的不可靠的记忆,以及那个同路人不假思索地听故事为背景的。柏拉图精心布置的这种场面,有助于我们思考我们自己所处的环境以及我们的记忆力。人们不可能直接传达发生在别人身上的事件与思想;某种选择原则总是在发挥作用。我们的思想也有自己的历史,这种历史会影响我们对这些思想的理解。这些背景提示我们,在我们与历史文献所陈述的那些事件之间存在一定的距离,简单地重复大哲学家说过的那些话并不能跨越这种距离,对这些思想的批评也许能使它们获得新生。

对　　话

  柏拉图所写的这些对话用的是真人真名,因此我们必须弄清他们是谁,他们是如何进行对话的。这些人具有真实的意图、习惯、欲望、情感、偏见、名声、期望、追求，等等。他们都有自己的个性，他们的发言和行为正是这些特征的表现。他们的行为不仅是为了适应柏拉图所构思的故事情节，也不仅是为了表达他的哲学思想。例如某个人物在与苏格拉底的交谈中，常常做出许多简短的肯定性回答。柏拉图并不是想利用这些人物获得我们的赞同，而是为了向我们说明这些人究竟是如何思考问题的。有些编辑者认为，苏格拉底的对话者所做的这些篇幅较大的简短回答完全可以从文本中删除，康福德所编辑的《理想国》就是一个明显的例证。⑦占去较大篇幅的这些"是的，当然，的确如此，显然"等表达方式，有助于设定一种体验的进展速度，这种进展速度不仅能够说明故事中的人物的体验方式，而且能够说明故事的读者的体验方式，这就是我们与柏拉图的对话。我们连连点头表示赞成，直到某种崇高或荒谬的东西激发了我们的兴趣，把我们从原来的"拷贝"模式中唤醒。于是我们的回答变成了引人注目的"对"或"不对"，论战重新开始。这反映了我们不愿推翻权威的心理倾向，例如希米亚和西伯就迟迟不愿放弃受到人们指责的苏格拉底，因此他们迟迟不能开始独立地思考。

在柏拉图对话中，除了巴门尼得和后期的那个追随者——来自埃里亚（Eleatic）的陌生人，与苏格拉底进行对话的那些人中没有几个是哲学家。在这些人当中，有的是著名的智者，例如高尔吉亚、希比亚和普罗泰格拉；还有一些名声不大的智者，例如色拉叙马霍斯和凯里克利；再就是一些滑稽人物，例如欧若德摩及其兄弟。有些是战士，例如美诺、阿克巴德、普里马克（Polemachus）、拉赫斯（Laches）、尼西亚（Nicias）以及柏拉图的两个兄弟格劳康和阿德曼图。有些是前途远大的青年人，例如查米狄、泰阿泰德、李希思（Lysis）、米尼克西努（Menexenus）、菲利布（Philebus）以及前途不很远大的斐德罗。欧蒂夫罗自称是一个宗教预言家。伊安是《荷马史诗》的吟诵者。利西亚是一个职业撰稿人，从起诉书到求爱信，他什么都写。蒂迈欧从意大利带来了关于自然的思想。老人们的智慧则来自他们丰富的阅历，例如克里托（Crito）、克里狄亚以及《法律篇》中的克里特人、斯巴达人和雅典人。

　　柏拉图对话中出现了各种各样的人，却没有几个是哲学家，也没有什么哲学竞赛，虽然能力相当的各个派别可以在这里进行思想的角逐。相反，柏拉图对话通常以生活中经常遇到的问题为开端：如何才能取得事业的成功？应该如何培养孩子？如何才能知道一种友谊是否会长久？应该如何面对死亡？一般来说，人们如何才能识别正义、爱、智者或政治家？如何才能生活得更好而不是更糟？如何才能显得体面而不是滑稽可笑？苏格拉底没有直接回答这些问题，而是告诫其对话者不要零敲碎打地研究问题，而要全面考察有关的基本观念和术语以及这些观念和术语与我们所具有的其他观念的联系。这种方法被称为"辩证法"，一般来说，这个单词的含义是交谈或辩论；具体地说,它的意思是考察观念之间的联系。"考察我们已经认识的所有事物(正义、城邦和灵魂),我们就会发现它们的共性以及它们之间的关系,然后根据它们彼此相似的方式而得出结论,这样,观念的研究就会促进我们的探索"。(《理想国》531c-d)在《斐德罗篇》中,苏格拉底是按照以下思路来描述这两种方法的:

> 第一种方法是概括诸多零散的具体事物,把它们包含在一个普遍名词之下,以便为每一种概括都下一个定义,清楚地说明某人希望详细解释的那个话题的确切本质……定义可能有确切与不确切之分,但是它起码能够使辩论清晰而连贯地展开……(另一种方法是)把一个类再划分为许多个种。看看那井井有条的自然界吧!和一个笨手笨脚的屠夫不同,它从不破坏自己的任何组成部分……我酷爱这些分类与概括的方法,把它们当作说话和思考的工具,我还给具有这种能力的那些人起了一个名字——辩证论者。(265d-266c)

从柏拉图对话来看,这些方法以对话者所提出的一些简单问题为出发点,然后论证说,必须进行更全面的研究。这些方法的第一种表现方式通常是某种宽泛的价值观念,可能是一种美德或人际关系,也可能是一种友谊或情感,或者是对快乐的希望或对死亡的恐惧。苏格拉底希望通过这些具体问题,对与此相关的一些基本理念提出质疑,但对话者所期待的仅仅是一种立竿见影的权宜之计,以便继续原来的生活。他想知道的是如何才能取得成功,而不是去研究成功事实上究竟是什么。

为了讨论第二种方法,我们必须在这里增加一个简短的插曲,以便考察这些对话的写作次序以及每一篇对话大致的写作时间。本书的序言曾提示读者,我们将在必要的时候介绍那些广为人知的论战,现在是时候了。这一直是过去两个世纪柏拉图研究的一个主要问题,它涉及的问题还包括柏拉图是如何使用辩证法的。我们已经知道这些辩论可能是循环论证,它们以对话的写作次序为根据,试图证明某种具体的解释,举例来说,它们试图证明柏拉图思想的发展历程。虽然它们宣称对话的写作次序应该决定对话的内容,但是一般来说,它们都是根据对话的内容来说明对话的写作次序。根据人们现在提出的关于写作时间的几种论点,风格测定法(stylometrics)所包含的循环论证最少。它分析某些要素在作者写作风格中的出现频率。根据这些要素的存在或不存在,特别是那些小得常常被人忽略的要素,研究者可以对柏拉图的作品进行分类。从理论上说,这种解释可能会反映作者的写作习惯,这些习惯可能会逐渐变化,但是在很长一段时间内它们可能保持相对的稳定,因此研究者能够对这些对话进行分类,因为从风格上看,它们会表现出相似的习惯。

把柏拉图对话分为三个时期，是研究者们长期以来的一贯做法。早期对话所反映的是寻求定义的苏格拉底，举例来说，他要为"正义"这个单词下定义。对话结束时，对话者仍然找不到一个确切的定义。人们认为，这个时期的对话反映了历史上的苏格拉底的语言和行为。这种论点导致了现在这场争论：柏拉图是从什么时候开始发表自己的观点的？苏格拉底这个人物是在哪篇对话中放弃了过去的观点而成为柏拉图的喉舌的？格雷戈里·弗拉斯托（Gregory Vlastos）整理和引发了这个领域的许多研究，读者可参阅其论文，以便更详细地了解其论点；⑧中期的对话则显得更富有戏剧性，也更为复杂，苏格拉底也不像以前那样粗暴无礼了，他已经越过下定义的阶段而进入辩证法的阶段了，他的对话者也变成了更积极主动而且更有才能的参与者，他们对于对话的结论也更为满意；后期的对话则显得更僵化，对话的戏剧性特征不像以前那样明显，有的时候苏格拉底是一个旁观者，有的时候甚至不露面，《法律篇》中的情形就是如此；那些对话者也变得过于听话或"温顺"了，哲学分析或辩证法的色彩更加浓重，也更居于核心地位。

根据不同的时间段来划分柏拉图对话的这种做法同样可以被看作是按照对话的种类进行划分，这可能有助于我们避免这样的循环论证：以写作时间为根据的分类变成了以思想发展为根据的分类。风格测定法能够根据相似的风格把这些对话分为不同的类别，但是它无法说明这些风格只能按照某种顺序出现，一种风格的所有例证必须划归同一个写作时期。大量的证据可以证明以不同时间段为根据的分类法，但是这种分类法必须具有什么意义，研究者们却众说纷纭。柏拉图也可能再次使用早期的风格，以便使现在的研究与过去的论题或背景联系起来。

如果我们能够根据写作时间之外的其他分类法来描述这三种不同的写作风格，我们就可能克服为我们的解释假定一种时间性证据的倾向。希腊语"sunousia"或"与……在一起"（being with）这个表达方式在这个地方或许具有一定的意义。这个单词与英语中的"intercourse"（交流；性交）相似，既有对话的意思，又有性交的意思。我们知道，柏拉图曾经用与性有关的一些语言来描述哲学。《会饮篇》一开始就用这个单词来描述在艾格森家举行的那次酒会，把它说成是一次"纵欲狂欢"，但是事实证明，性关系仅仅发生在思想和语言之间。在柏拉图对话中，苏格拉底的冒险经历可以分为以下三种交流（性交）方式：①设法与别人发生性关系。举例来说，苏格拉底总是想方设法地去结交那些不愿意和他谈话的人；②发生性关系。换言之，他与用心的对话者共同探讨一些困难问题；③其他的情人。在这种情况下，他会找个地方坐下，让其他的人发言。简言之，①寻找伙伴；②拥有伙伴；③交换伙伴。

也许还能发现以其他问题为根据的一些联系，以说明这些风格各异的对话类型；这些联系可能不像刚才讨论的以写作时间或思想发展为根据的分类那样，完全受制于柏拉图对话的哲学统一性。我建议把这些类型称为"第一类、第二类和第三类"，就对话类型与对话风格而言,这三种类型与以上讨论的"早期、中期和晚期"的分类大致相同。以下图表是按字母顺序排列的，读者可以去研究已经采用了这种分类的那些论述。[9]不同的评论家可能会列出不同的图表。

第一类

Alcibiades Major（《阿克巴德篇》）

Apology（《申辩篇》）

Charmides（《查米狄篇》）

Clitophon（《克里托封篇》）

Cratylus（《克拉底鲁篇》）

Crito（《克里托篇》）

Euthydemus（《欧若德摩篇》）

Euthyphro（《欧蒂夫罗篇》）

Gorgias（《高尔吉亚篇》）

Hippias Major & Minor（《大小希比亚篇》）

Ion（《伊安篇》）

Laches（《拉赫斯篇》）

Lysis（《李希思篇》）

Menexenus（《米尼克西努篇》）

Meno（《美诺篇》）

Protagoras（《普罗泰格拉篇》）

第二类

Phaedo（《斐多篇》）

Phaedrus（《斐德罗篇》）

Republic（《理想国》）

Symposium（《会饮篇》）

第三类

Critias（《克里狄亚篇》）

Parmenides（《巴门尼得篇》）

Philebus（《斐里布篇》）

Sophist（《智者篇》）

Statesman（《政治篇》）

Theaetetus（《泰阿泰德篇》）

Timaeus（《蒂迈欧篇》）

Laws（《法律篇》）——通常认为这是柏拉图最后的作品。

现在我们可以结束关于辩证法的讨论了。在以上那段来自《斐德罗篇》的引文中，苏格拉底曾谈到两种不同的推理方式。第一种推理方式旨在"多中求一"，希腊人就是这样称呼定义问题的。在第一类对话中，这是苏格拉底的主要问题。什么是美德（《美诺篇》）？什么是节制（《查米狄篇》）？什么是友谊（《李希思篇》）？什么是虔诚（《欧蒂夫罗篇》）？第二种推理方式旨在确定有待定义的事物之间的联系与区别。这是第二类对话所讨论的一种方法，以上关于《理想国》和《斐德罗篇》的阐述已经说明了这一点。第三类对话将示范这种方法。在《理想国》中，作者构造了好几个城邦，考察了五种不同类型的政府，却没有着力解释"城邦"或"政府"的含义及其完全分类（complete classification）的定义特征，也没有把这些特征与其他类似的思想区别开。这是第三类对话的中心问题，例如在考察智者时，作者研究了不同的定义特征（沽名钓誉者、商人、武士），以便弄清在对智者的分类中，哪一种特征最有创造性。

下定义是一件很难的事情，对这个问题的讨论贯穿柏拉图的全部对话。我们已经看到，人们甚至去阴曹地府探索这些定义；医生还要为她们进行体检，一旦染病，也会得到医治。我们知道，定义是修辞学者们的乐园，他们要么根据文化，要么根据事物的本质，在相对和绝对、个体和团体之间肆意改变定义的内涵。定义也是哲学家们沟通友谊的场所，在这里，他们可以互相交流思想，互相提出批评。上一章结尾处所讨论的那个洞穴比喻说明，下定义是多么得困难。只有当批评已经出现，年青人们已经提出苏格拉底所谓的"三个浪头"（第五卷，457c，457d，472a）那样的问题，哲学才能（才可能）进入《理想国》。只有当哲学家们已经接受教育，能够理解以下三个比喻，即太阳比喻、线段比喻和洞穴比喻时，关于定义的讨论才能具有哲学意义。具体地说，太阳比喻有助于我们认识那个能够界定人生并且对人生具有支撑力的善的理念；线段比喻能够帮助我们理解那些纷繁的意见和形象，为了把它们与知识区别开，我们不得不与它们打交道；洞穴比喻说明，我们与这些意见和形象的关系不仅局限于精神，它已经渗透到我们的生活中，为了审查我们那些基本理念，例如善的理念，我们必须自觉地克服我们与它们的各种联系。

关于定义的讨论把我们带到这一节的最后一个问题，即理念论（the Theory of Forms）。在过去的 50 年，引起学者们更多关注的是理念论的发展及其阐述，而不是柏拉图哲学的其他方面，因此我们必须充分重视这个问题。作为本章的开场白，肖里那段话已经强调了这一点。有的时候会出现这样的情况：柏拉图还在暗示什么，我们却以为讨论已经结束了；柏拉图的观点还仅仅是一种假设，我们却开始为他建构体系了。柏拉图对话所讨论的那些理念（Forms）都是事物的正确定义，与几何图形相似。谁也不可能画出一条绝对的直线或者圆周上的每一点与其圆心的距离完全相等的圆，因此谁也没有见过这样的东西。可是我们能够理解这个概念，甚至能够"用心灵的眼睛"看到这个概念。

"理念"这个术语既有"知道"的意思，又有"看见"的意思。它可能是一个模糊的概念，因为它既可以描述概念性的事物（如定义），又可以描述感知性的事物（如某个事物的形状）。在希腊语中，"eidos"这个单词本身就包含这种歧义性，它有两种含义，既可以指"被看见的东西"，又可以指"被认识的东西"。这种歧义性在当时乃至以后的希腊人的精神生活中,一直发挥着积极的作用。例如悲剧《俄狄浦斯王》所讲述的就是主人公无法认清摆在他眼前的事实。那个双目失明的哲人特莱西亚(Teiresias)却"看"得很清楚,他知道,俄狄浦斯所处的那种在同一个女人面前既是丈夫又是儿子的境况是难以维持的。索福克勒斯在这出悲剧中一直保持"eidos"的变化节奏,把这个单词所包含的"看"与"知"的那种关系清楚地展现在我们面前。⑩

希腊人把这些现象联系在一起,因为理念是一种心理事实。我们能够在思想中想象事物,既可以想象去度假,也可以想象善的定义。这些形象多数比较清晰,比如说我要打哪几个字,我心里自然明白。有些形象却很模糊,尤其是那些包含着冲突的形象,例如理想的儿子或父母。柏拉图始终要求我们注意这种联系,例如《美诺篇》讨论的那个几何问题,它的答案是一条人们能够看到却无法准确地描述的线段,因为它的长度是一个无理数。这与他们对美德的探索相似,苏格拉底和美诺都认为,他们见过品德高尚的人,却无法准确地描述这样一种品质。苏格拉底在辩论中常常使用比喻,这些比喻同样是以这样的心理事实为基础。他鼓励人们理解他的思想,为了他们自己的利益而更加勤奋地进行探索(例如那个狩猎的比喻)。

因此,理念为我们心灵的理想世界提供了一种理想的答案。我们心灵中的圆形或三角形才是实在的事物,因为它们能够做它们应该做的任何事情。我们关于勇敢、爱和战车的理念也能做它们应该做的事情——当然是在我们的心灵中。这就是我们相信它们的原因。问题在于,一方面是我们心灵的理想构造物;另一方面是我们与世界的其他部分的相互作用,二者如何进行比较呢?[11] 说柏拉图让理念高于实在,是一种常见的令人误解的简单化做法。柏拉图审查理念的构造以及人们对理念的批评,是为了改进那些"实在的东西",因为我们现在相信它们,却又发现它们并不充分。如苏格拉底所言,如果新的理念经得起考验,能够更充分地解释我们的经验,那么我们肯定会让新的理念取代旧的实在。关注我们所"看到"的那些理念,就是强调检验这些理念的必要性以及发现更多理念的可能性。因此,只要人们研究哲学,理念就会层出不穷。

故事与神话

在柏拉图对话中,"muthos"(故事、神话)与"logos"(理性、论证)之间存在一种张力。二者究竟具有哪些相似或相异之处,学者们常常也是不甚了之。苏格拉底在《高尔吉亚篇》的结尾部分描述阴曹地府的来世生活时,曾经说过这样一番话:"他们说,我们应当听从一种极精微的逻各斯(logos)的指引,你们可能认为这是一个神话故事(muthos),但是我认为这是一种逻各斯,因为我希望你们能够把我所说的一切都当作真理。"(523a)然后,在解释一个不正义的人的命运时,他讲了一个故事,他认为这是一个有效而又正确的论证。斐多在其对话中是这样描述苏格拉底最后一天的活动的:"和往常一样,我们仍然在探讨哲学问题。"(59a)然而,对于这一天的活动安排,苏格拉底做了如下描述:"对于一个即将告别这个世界的人来说,这或许是他编造神话、考察故事的最佳时机,由此他可能会弄清,我们所相信的与世长辞时的那段旅程究竟是怎么回事。"(61d-e)随后,他提出几种关于灵魂不死的证明。《理想国》中的人物在清理城邦的教育内容时,首先从神话故事入手,因为这些故事是我们在今后生活中所信奉的那些价值观念的基础。当苏格拉底在《会饮篇》中讲述爱的逻辑时,也是讲了一个故事,其大意是,受到神灵感召的第俄提玛曾就爱情问题为他指点迷津。他宣称他比较熟悉的一个科目就是恋爱(177e)。可是在解释这种知识的来源和内容时,他却讲了一个故事而不是提出一种合理的说明,而且强调说这个故事纯属虚构。他把以前做过的所有讲话的某些片断都汇总在这个故事中,阿里斯托芬已经觉察到这一点,而且做了一些评论(212c)。最后,我们来看《斐德罗篇》中的例子。他们来到城外的一个僻静处,斐德罗问苏格拉底,他是否相信民间传说的发生在那个地方的一个神话故事。他回答说,他没有时间剔除所有这些故事所包含的神话色彩;这类故事真是太多了,必须抽出专门的时间来做这个工作。特尔菲神谕告诫他,要认识他自己,他已经承担了这项工作。他说,至于那些传统的神话故事,他"承认人们习惯上已经接受了的那些信念",这样他就有时间来研究他自己。[12]可是,在研究他自己的同时,他又为自己编造了新的神话,他也不知道自己是"一个比堤丰(Typhon)更复杂、更狂暴的妖怪呢,还是一种更仁慈、更简单的动物"(230a)。

哲学家们喜欢明确地提出自己的论点,他们很愿意把术语简化为符号,让逻辑自行其是,从而消除人类语言中所有的晦涩不明的表达方式。苏格拉底的做法似乎与这种倾向正好相反。当他必须提出一种论证时,他就讲一个故事,用特殊的语言把这个故事包裹起来;可是当他说,他是要通过这个故事来说明一种论点(logos)时,他的语言就会变得简洁明快,浅显易懂,《斐多篇》中的那些论证以及《美诺篇》中关于几何问题的那个故事便是很好的例证。在柏拉图对话中,"muthos"(神话、故事)究竟有什么作用呢?我们认为我们已经认识了某些事物,论证就是澄清我们确实已经认识了这些事物的一些方法;论证能够确定我们的观点,否则它们就要四处游荡,仿佛《美诺篇》中的那个戴达罗斯(Daedelus)塑像。故事并不能提出具有前提和结论的逻辑证明。

这些故事在这里所提出的那种东西似乎更像是一种假设,任何研究都是以这些假设为出发点,而且必须相信这些假设,直到提出更好的假设。谁也无法简单地证明,一个不正义的人一定会生活得不幸或幸福。古阿斯的戒指的故事证明,这个人能够过上幸福生活;僭主的故事以及厄洛斯游历阴曹地府的故事证明,这个人过不上幸福生活。但是厄洛斯的故事却揭示了这个假设的另外一个方面,在此前所有关于灵魂转世的故事中,我们已经看到这样一种假设:无论前世如何,我们现在能够提出一种人生观,并且能够努力实践这种人生观。

> 我并不是认为我的观点在其他任何方面都是对的,但是我确实要不惜一切代价,尽我最大的努力来证明:如果我们相信,一个人必须探索他不认识的那些事物,我们就会变得更优秀、更勇敢,而不是更懒惰;相反,如果我们认为,我们不可能发现我们尚未认识的那些事物,因此我们没有必要探索它们,我们就不可能变得更优秀、更勇敢。(《美诺篇》86b)

人们能够为这样一个假设提出证明,但是到目前为止,好像谁也没有提出一种有说服力的证明;在柏拉图对话中,人们一直在争论哲学是否是一种适合于成年人的活动,这恰好说明了上述论点。⑬

如此看来,柏拉图对话中的那些神话故事提出了一些我们应该相信的东西,但这并不是说,这些东西是我们在小的时候就已经接受了的一些毋庸置疑的教条,而是说它们仅仅是一些人生观,人们可以通过比喻来讨论和评价这些观点。就柏拉图对话而言,我特别喜欢(也是最喜欢)的一个故事是《会饮篇》中阿里斯托芬的发言。我将在本节的结尾部分说明,他的故事将会以什么方式帮助我们展开讨论,提高思想。

在艾格森家举行的那次聚会上,阿里斯托芬的发言次序位于其他几个对话者的中间。前面三位发言者根据诗人的传统价值观、文化相对主义、智者或社会学家的功利主义价值观以及医生所提出的客观的自然科学,阐述了他们对爱的理解。每个对话者的观点都不攻自破,例如斐德罗想改变一位诗人曾经说过的一句话(经典是不能修改的);保萨尼阿斯对他所爱的人信誓旦旦,却保留了这样一种权利:情人可以撒谎;艾里克西曼图(Eryximanchus)证明,爱的力量高于一切,随后却声称,他能够决定自己对食物和其他医疗事务的爱好。讨论开始时,他们都把爱当作存在于我们之外的一种巨大力量(一个女神);讨论结束时,他们却用这种力量来满足各自的欲望。

阿里斯托芬说,他要用一种新的方法来讨论我们无法控制的一种爱,这种爱建立在这样一种古老的思想之上:我的伴侣在远方,她(他)和我是天生的一对。他懂得人类渴望完美,前面三个发言者则不然。此外,他知道,我们显然做不到完美无缺。他的故事还描述了我们作为连体人(double people)的情景:最初,我们的两个身体是通过腹部连接在一起的,一个脑袋上长着两张脸，两副生殖器都长在身体的外侧，以便"像蝗虫那样"进行体外授精，每个人都有四只胳膊、四条腿，等等。这些人试图获得神灵具有的那种力量，因而遭受惩罚，被一分为二，成为我们现在的样子。如果我们行为失当，就会被再次分割，别的器官暂且不说，我们的嘴和生殖器会变得毫无用处。由于这样的分割，我们的腹部留下了缝合的印记——肚脐，我们的脑袋能够转动了（想一想洞穴比喻），我们的生殖器也被放到前面，这样，我们在交媾时，至少还能体验到过去那种完整的身体。

问题是：如何才能找到我们的另外一半呢？我们必须和别人打成一片，以便亲身体验他（她）与我们是否相称。如果他（她）就是我们所能找到的最合适的伴侣，那么这就是我们唯一的爱人。但是随着见识的增长，我们可能会觉得以往的判断过于仓促，因为几个颇为标致的"一半"已经映入我们的眼帘。几经尝试之后，终于发现了我们梦寐以求的伴侣。此后，我们的想象力还会延伸，我们又开始怀疑我们是否是天作之合。阿里斯托芬认为，我们应该用毕生的精力来与世界上的每一个人都尝试性地生活一段时间，以便最终找到我们最合适的伴侣。我想，当你与80、436、924号打交道时，一定还记得302、783号，这样，你才能进行真正的比较。某人所根据的那些具有关键意义的标准究竟是什么呢？"相称伴侣"的休止符何在？阿里斯托芬的故事在物理学层面（如此多的身体，如此少的时间）的含义已不攻自破，这就迫使我们考察其在哲学层面的含义。在那次聚会中，阿里斯托芬是第一个给爱下定义的人，他说爱"不过是用来描述对整体（whole）的欲望和追求的一个名称"（193a）。这正是苏格拉底的生活方式，他一直希望有人能够帮助他发现那种完美无缺的东西，分享他的观点、思想、批评，甚至他的理念。

苏格拉底的讽刺

在这部全面介绍柏拉图著作的读物即将结束的时候，我将简要地阐述这些对话所包含的最后一个可能导致思想混乱的难点：苏格拉底的讽刺。这里出现的问题与我们亲身经历的那些事情相似，因为我们的老师有时也试图使用苏格拉底的方法。如果老师真的知道答案，她为什么不直截了当地说出来，反而摆弄出"一大堆问题"？如果她不知道答案，那么全班同学怎么能够发现连老师都发现不了的那种东西呢？美诺提出的"学习悖论"（一个人要么已经有了知识，要么永远处于无知状态）看来又要警钟长鸣了。苏格拉底的方法似乎是在浪费时间，因为老师总是佯装无知，以便引导学生们去发现事先已经准备好的某种东西。[14] 学生们真的可能发现某种新的东西——只有在这种情况下，苏格拉底的方法才会是最有效的方法。老师当然知道很多东西，也能够给出一个满意的答案，但有趣的是，我们希望知道，是否还有一种更好的回答在等待着我们。当然，也可以反过来说，我们希望弄清，这种回答是否真的更好。

苏格拉底的讽刺也是如此。讽刺的意思是，某人所说的话的含义具有一语双关的特征：一方面，这种含义的内容可能减少，例如，我们对一个不停地辱骂别人的人说："祝你愉快"；另一方面，这种含义的内容也可能增加，例如，某人本想在游乐场上骑电动马，结果被人赶出场外，在谈到这次经历时，这个人说："你会在那里玩得非常开心。"当苏格拉底与那些不愿合作的对话者交谈时，他的话听起来可能与前一个例子一样，冷嘲热讽，令人厌恶；反之，当他与那些唯唯诺诺的人对话时，他好像要求他们在多种含义中进行选择，以便更好地理解问题的复杂性。弗里兰德（Friedlander）对苏格拉底的讽刺法做了如下描述。

"讽刺"（irony）这一概念的意思是犹豫不决：在可恨或可鄙的掩饰、滑稽的捉迷藏游戏（这是富有民主精神的雅典人常用的一个短语，他们智力卓然，具有批评目光和探索精神）与可怕或可敬的危险的隐蔽之间犹豫不决。当然，朋友和敌人都会谈论苏格拉底的讽刺，彼此的用意却大不相同。⑮

听到讽刺的第三种含义——危险的隐蔽,听者一定会觉得忐忑不安:更多的事情正在发生,这些事情与我们已经认识的那些事情没有多少相似之处。与上述苏格拉底的方法一样,只有在这个时候,讽刺才能够引导听者进入一个全新的可能性领域;只有在这个领域,听者的探索才能在一个更为复杂的层面上进行。讽刺家并不知道答案,但是她知道什么事情行不通,某人可以从什么地方继续进行探索。请看弗里兰德的如下阐释:

> 苏格拉底的讽刺实质上揭示了以下两个方面的冲突:一方面是无知,就是说,人们不可能用语言来描述"正义是什么";另一方面是对未知事物的直接体验,就是说,正义的人是存在的,正义使这个人上升到神灵的高度。⑯

我们发现,我们所谓的正直的人、智者或《美诺篇》所说的正方形的对角线一类的东西的确存在,然而如上所述,这些东西不可能被轻而易举地描述出来。在探索的道路上,讽刺家可能走得更远,因为她更了解哪些道路行不通。与此同时,她还清楚地知道,为了理解这条探索之路,听者必须亲身体验这样一些行不通的道路。人们认为,任何研究总会得出某种简单的结论,在这种常识看来,哲学似乎是在无谓地增加难题的数量;只有那些喜欢这类难题的人,才从事哲学研究。

克里托封在以他的名字命名的那篇对话中，就是这样指责苏格拉底的活动的。在柏拉图的对话中,这是最短的一篇对话,它批评了苏格拉底的讽刺及其方法，正如《巴门尼得篇》批评了他的理念论一样。苏格拉底总是告诫人们，要做好研究哲学的准备，要关心灵魂的健康。换言之，要给正义一类的关键术语下定义，这样，他们就会成为有正义感的人。但是，他们从来没有为正义下定义，更没有付诸行动。苏格拉底光说空话，看来，他唯一的目的就是说空话。以下是克里托封对苏格拉底的政治演说所做的惟妙惟肖的模仿，当时，苏格拉底一味纠缠，要他的听众按照哲学生活：

> 你说人们之所以没有正义感，是因为他们希望如此，而不是因为无知或没有受过教育。然后，你又厚颜无耻地说，在神灵看来，不义之举既可耻，又可恨。问题是，谁会心甘情愿地选择这样的邪恶呢？你回答说，"也许他抵挡不住快乐的诱惑"。可是，如果抵御诱惑的行为是自愿的，那么屈服于诱惑不正是一种非自愿的行为吗？所以，无论从哪个角度看，这个论证都能够证明，不义之举并非出于自愿；小到个人，大到城邦，人们都必须比以前更加关心这个问题。（407d-e）

克里托封不无讽刺地说,他响应苏格拉底的号召,到处请教他的追随者,希望获得关于正义的更多知识,以便付诸行动。

> 啊,你们都是非常尊贵的绅士,苏格拉底要求我们实践美德,我们应该如何理解他的这一劝告呢?我们是否认为,这就是所有的美德,人们不可能探索得更深,理解得更全面了?帮助那些尚未改变信念的人改变信念,实践美德,以便他们也能帮助别人改变信念,这就是我们毕生的事业吗?即使我们认为,这是一个人应该做的事情,难道我们不应该质问苏格拉底,或者是彼此质问,下一步应该怎么办?我们应该如何探讨正义问题?我们会说些什么?(408 d-e)

既然苏格拉底及其追随者都不能提供克里托封所希望的那种答案,所以他得出以下结论,其他许多读者也得出了同样的结论:

> 我对这种挫折的忍耐已经不是一次两次,而是持续了很长时间,我终于厌倦了,不再去寻求任何答案。我的结论是:尽管你比任何人都善于说服别人转变信念,实践美德,但是究其原因,不外乎以下两种情况之一:要么这就是你的全部本领,毫无

保留了——其他任何技能都是如此,例如某人尽管不是一个舵手,却能够背诵一篇赞美舵手的技能的讲话,称颂舵手的技能对于人类具有重要意义;人们可以通过这种方式称赞其他任何技能。有人可能对你提出这样的非难:你谈论的正义问题同样属于以上情况,无论你如何颂扬它,都不会对它知道得更多。这并不是我个人的看法,但是可能的解释只有这样两种:要么你并不知道什么是正义,要么你不愿意和我分享这种知识……对于一个已经改变了信念的人来说,你多少会妨碍他获得幸福,因为你说,他已经达到美德这一目标。(410 b-e)

对柏拉图的对话进行分类时,一种简单化的做法是一分为二:像克里托封所抱怨的那样,凡是以这样一种"aporia"(僵局)作为结尾的对话,都属于苏格拉底式的对话;像克里托封所希望的那样,凡是柏拉图提供了答案的那些对话,都属于柏拉图式的对话。有些人甚至认为,如果这篇对话的作者真的是柏拉图,那么它可能是柏拉图对话从一个阶段向另一个阶段的过渡,是通向《理想国》的桥梁,因为克里托封也出现在《理想国》中,正义概念也得到界定。我认为,这种分类法所反映出的与其说是柏拉图对话中的任何变化,毋宁说是我们与克里托封共同具有的一种态度:我们都希望获得一种答案。我们诚然能够在《理想国》中找到正义的定义，在《会饮篇》中找到爱的定义，在《智者篇》中找到智者的定义，然而我们是在复杂的具体环境中、在思想的重新建构中、在终究没有获得成功的许多次证明中发现这些定义的。鼓励人们从事研究的那些东西尽管会有简单复杂之分，但是柏拉图的所有对话都是为了丰富这种研究，为了使这种研究具有它力图说明的那种现实生活的复杂性，而不是为了简化这种研究，不是为了求得一种答案或激发一种行为。

可是，克里托封应该得到某种答案。所有这些铺垫究竟有什么用处呢？我们已经指出，哲学是一种集体活动，也是一种研究活动，它本质上要求其参与者必须共享他们的批评；另外，就保障社会的正常运转而言，研究的作用远远超过任何答案所能起到的作用，因为答案可以被打包、带走，用于某人所欲求的任何事物，仿佛人们花钱就能买到的那种修辞学把戏。与研究脱节的那些答案意味着哲学的终结，与此同时，它们不仅放弃了对民主的社会秩序的要求（在这种社会秩序中，为了谋取自己的利益，人们能够与别人分享信息和论点），而且否定了基本的诚信义务，殊不知这是我们获得别人所拥有的真理的唯一希望。

《理想国》中的克里托封并不相信，在某种情况下或某人的讲话中，除了这个人——最好是他自己——强加于他的那些意见，还会存在任何真理。他的信念能够为他提供他所需要的任何答案。他就是万物的尺度，因此，凡是他认为对他有利的东西，就真的对他有利（340 b）。苏格拉底或者其他人说过的话不会对他产生丝毫影响，所以对于别人的发言，他的反应是保持沉默。这是僭主（暴君）的世界，它最初似乎很热闹，奔腾不息的欲望之流在呼号，在诱惑人们去不断地满足它们的需求。但是这些活动与克里托封保持沉默的态度实质上完全相同。在纯粹的欲望世界，根本没有任何理性（logos）；它在这里无话可说。如果我们的生活具有一定的意义，如果研究是为了打破这种沉默，我们就必须认真思考苏格拉底的建议，致力于建立一个具有哲学精神、提倡互相批评的社会。柏拉图对话探讨了与公民权有关的许多难题，而且揭示了它所提供的一种主要回报：当某人必须陈述自己的生活，提出自己的"申辩"时，他就会有话可说。

注释：

① Paul Shorey, *Platonism Ancient and Modern*（保罗·肖里:《古代与现代的柏拉图主义》），Berkeley: University of California Press, 1938，p.23.

② 评论家们争论说，在柏拉图对话中，大约有 6 篇对话难以确定其真伪，于是评论家们列出了各不相同的对话篇目。弗里德兰德（Friedlander）列出 31 篇；库珀（Cooper）列出 26 篇，外加 3 篇很可能是真作的对话；泰勒（Taylor）列出 24 篇。

③ 读者可以把《会饮篇》中的所有发言看作一系列自传性陈述，

它们反映了发生转折以前柏拉图的精神生活。换言之，在这一转折时期，柏拉图与阿克巴德一样，必须决断：在他的生活中，批评和欲望哪一个更重要。

④ Alexandre Koyre, *Discovering Plato*（亚历山大·柯瑞：《发现柏拉图》），New York, Columbia University Press, 1945；保罗·弗里德兰德（Paul Friedlander）的三卷本著作《柏拉图》（*Plato*，Princeton: Princeton University Press, 1969）讨论了柏拉图的全部对话。专门考察柏拉图的某一篇对话的一本好书是：查尔斯·格里斯沃尔德：《柏拉图〈斐德罗篇〉中的自我认识问题》（Charles Griswold, *Self-Knowledge in Plato's Phaedrus*, New Haven: Yale, 1986）。

⑤ 本杰明·乔伊特（Benjamin Jowett）的翻译用维多利亚时代的一种奇妙说法——未受精的蛋（wind egg）——来描述这种吹牛的风气（this internal hot air），我们误以为它的意思是受孕。有必要阅读不同版本的翻译，以免受制于翻译者或哲学的那种特殊语言，因为翻译者必须说明柏拉图的用意可能是什么。Plato, *Teaetetus*（柏拉图：《泰阿泰德篇》），trans.Jowett（Indianapolis: Bobbs-Merril, 1949）.

⑥ 阿里斯托德莫竭力模仿苏格拉底的表情和行为，他也是光脚走路，作为苏格拉底的物质性替身而出席艾格森家的聚会；阿波罗德鲁却竭力模仿苏格拉底的语言，他的工作就是"了解苏格拉底每天说些什么，做些什么"。

⑦ F.M.Cornford, *The Republic of Plato*（F.M.康福德：《柏拉图的〈理想国〉》），New York: Penguin, 1945, Preface.

⑧ 弗拉斯托（Vlastos，是一位长寿而多产的学者。他在这个领域

的代表作是《苏格拉底》。见《英国学院公报》(*Proceedings of the British Academy*) 74:87-109。

⑨ 布兰伍德（Brandwood）又一次出色地讨论了风格测定法。

⑩ 在《理性的悲剧》(*Tragedy of Reason*) 一书中，鲁奇尼克（Roochnik）用俄狄浦斯的故事来说明理性认识的必要性。在这个故事中，理念具有一定作用，但是理性终究未能满足求知的愿望，涉及生活质量和道德问题时，更是如此。

⑪ "你是说，他（愿意关心城邦的政治）。我们刚才讨论的就是城邦得以建立的基础。不过，它仅仅存在于我们的谈话（logoi）当中。我觉得，它是不可能在地球上出现的。"

我回答说："也许上天（天国）已经准备好一种模式，凡是希望看到这种模式的人，都会根据他所看到的那种东西，在自己心中建立一个城邦。至于这个城邦现在已经存在于某个地方，或者将来会存在于某个地方，都无关紧要。因为他可能只关心这个城邦的事务，而不关心其他任何城邦。"

许多读者，包括圣奥古斯丁，都认为，这段话旨在描述一个理想的王国，这个王国不仅对现世有可取之处，而且提出一种完美无缺的生活。在基督教文化传统的影响下而形成的现世人生观以来世的期望为基础，这很容易使我们放弃理性与批评的道路；与古代神话中的特修斯（Theseus）一样，苏格拉底正是沿着这条道路走出生活的迷宫的。在柏拉图对话中，我们没有树立这样的理想，不是因为生活已经使我们心灰意冷，毋宁是因为我们想改变现世的生活。在这里，理想不能代替生活；它们只是有待验证的一些假设。

⑫ 参阅关于笛卡尔的例证。笛卡尔在接受培养他长大的那种文化

的同时,又在《方法论》(*Discourse on Method*)第三卷开始探讨一种更高级的文化。

⑬ 凯里克利打算给那些仍然从事哲学研究的成年人灌输某种思想(注意:不讲任何论证,只讲影响力)(《高尔吉亚篇》485 c-d);色拉叙马霍斯扬言,苏格拉底及其哲学十分幼稚,仿佛一个婴儿,还需要一个乳母按时喂他(《理想国》343a, 345b)。

⑭ 既然大多数老师都知道他们所提出的那些问题的答案,因此,他们通常只等候几秒钟,然后就把大部分答案告诉学生。

⑮ P.Friedlander, *Plato*(P. 弗里德兰德:《柏拉图》), vol.1(New York: Harper & Row,1964), p.138.

⑯ 同上书,第155页。

On Plato ——————— 参考书目

讨论柏拉图的著作以及阅读这些著作的方法的书籍和文章可谓汗牛充栋。如果希望继续这项研究，可参阅以下三部选集，每一部选集都收录了许多有用的文献，而且备有详尽的参考书目：

C.Griswald, ed. *Platonic Writings, Platonic Readings*（C. 格里斯沃尔德：《柏拉图文集：柏拉图哲学选读》）. New York: Routledge, 1988.

R.Kraut, ed. *The Cambridge Companion to Plato*（R. 克劳特：《剑桥柏拉图指南》）. New York: Cambridge University Press, 1992.

H.Benson, ed. *Essays on the Philosophy of Socrates*（H. 本森：《苏格拉底哲学论文集》）. New York, Oxford University Press, 1990.

柏拉图的生平、著述概观

G. C. Field. *Plato and His Contemporaries*: *A Study in*

Fourth Century Life and Thought（G. C. 菲尔德：《柏拉图及其同时代的人：公元前 4 世纪的生活与思想研究》）. 3rd ed. London: Metheun, 1967.

P. Friedlander. *Plato*（P. 弗里德兰德：《柏拉图》）. Tr. H. Meyerhoff. 3 vols. Reprint. Princeton: Princeton University Press, 1973.

G. M. A. Grube. *Plato's Thought*（G. M. A. 格鲁伯：《柏拉图的思想》）. Indianapolis: Hackett, 1980.

J. H. Randall. *Plato: Dramatist of the Life of Reason*（J.H. 兰德尔：《柏拉图：理性生活的戏剧家》）. New York: Columbia University Press，1970.

P. Shorey. *What Plato Said*（P. 肖里：《柏拉图如是说》）. Chicago: University of Chicago Press, 1933.

—— *The Unity of Plato's Thought*（《柏拉图思想的统一性》）. Chicago: University of Chicago Press，1960.

A. E. Taylor. *Plato: The Man and His Work*（A. E. 泰勒：《柏拉图的生平及其著述》）. London: Methuen, 1948.

G. Vlastos. *Platonic Studies*（G. 弗拉斯托：《柏拉图研究》）. 2nd ed. Princeton: Princeton University Press, 1981.

以下是我认为特别具有启发意义的一些参考书目：

H. Cherniss. *The Riddle of the Early Academy*（H. 彻尼斯：

《早期学园之谜》). Berkeley, University of California Press, 1945.

E. R. Dodds. *The Greeks and the Irrational*(E. R. 多兹:《希腊人与不讲究理性的人》). Berkeley: University of California Press, 1951.

C. Griswold. *Self-Knowledge in Plato's Phaedrus* (C. 格里斯沃尔德:《柏拉图〈斐德罗篇〉中的自我认识问题》). New Haven: Yale University Press, 1986.

D. Hyland. *Finitude and Transcendence in the Platonic Dialogues* (D. 海兰:《柏拉图对话中的有限与超越》). New York: State University of New York Press, 1995.

A. Koyre. *Discovering Plato* (A. 柯瑞:《发现柏拉图》). New York: Columbia University Press, 1945.

Martha Nussbaum. *The Fragility of Goodness: Luck and Ethics in Greek Tragedy and Philosophy* (玛莎·努斯鲍姆:《脆弱的善:希腊悲剧与希腊哲学中的运气与伦理》). Cambridge: Cambridge University Press, 1986.

D. Roochnik. *The Tragedy of Reason* (D. 鲁奇尼克:《理性的悲剧》). New York: Routledge, 1990.

S. Rosen. *Plato's Symposiun* (S. 罗森:《柏拉图的〈会饮篇〉》). 2nd ed. New Haven: Yale University Press, 1986.

K. Seeskin. *Dialogue and Discovery: A Study in Socratic*

Method（K. 西斯金:《对话与发现：论苏格拉底的方法》）. Albany: State University of New York Press, 1987.

H. L. Sinaiko. *Love,Knowledge and Discourse in Plato*: *Dialogue and Dialectic in Phaedrus, Republic and Parmenides*（H. L. 赛奈科:《柏拉图对话中的爱、知识与讨论:〈斐德罗篇〉、〈理想国〉与〈巴门尼得篇〉中的对话与辩证法》）. Chicago: University of Chicago Press，1965.

F. Solmsen. *Intellectual Experiments of the Greek Enlightenment*（F. 索尔曼森:《希腊启蒙运动的心灵实验》）. Prin-ceton: Princeton University Press，1975.

R. K. Sprague. *Plato's Use of Fallacy:A Study of the Euthydemus and Some Other Dialogues*（R. K. 斯普拉格:《柏拉图所使用的谬论：论〈欧若德摩篇〉以及其他几篇对话》）. New York: Barnes and Noble, 1962.

M. Stokes. *Plato's Socratic Conversations:Drama and Dialectic in Three Dialogues*（M. 斯托克斯:《柏拉图的苏格拉底式交谈：论三篇对话中的戏剧特征与辩证法》）. Baltimore: Johns Hopkins University Press, 1986.

E. Tigerstedt. *Interpreting Plato*（E. 泰格斯格特:《诠释柏拉图》）. Uppsala: Almquist & Wiksell International, 1997.

悦·读人生 书系

生为人,成为人,阅读是最好的途径!

品味和感悟人生,当然需要自己行万里路,更重要的是,需要大量参阅他人的思想,由是,清华大学出版社编辑出版了这套"悦·读人生"书系。

阅读,当然应该是快乐的!在提到阅读的时候往往会说"以飨读者",把阅读类比为与乡党饮酒,能不快哉!本套丛书定位为选取国内外知名学者的图书,范围主要是人文、哲学、艺术类。阅读此类图书的读者,大都不是为了"功利",而是为了兴趣,希望读者在品读这套丛书的时候,不仅获取知识,还能收获愉悦!

"最伟大的思想家"

北大、人大、复旦、武大等校30位名师联名推荐，集学术性与普及性于一体，是不可多得的哲学畅销书

 京东购买

 当当购买

 当当购买

 京东购买

聆听音乐（第七版）

耶鲁大学公开课教材，全美百余所院校采用，风靡全球

 当当购买

大问题：简明哲学导论（第十版）

全球畅销500万册的超级哲学入门书，有趣又好读

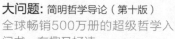
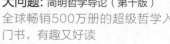

艺术：让人成为人
人文学通识（第10版）

被誉为"最伟大的人文学教科书"，教你"成为人"

 当当购买

 京东购买